LA TORCHE BRULANTE

LE MANUEL DU PASTEUR

Pasteur Renaut Pierre-Louis

Chers collègues,

Je viens à peine d'achever ce manuel grâce à vos prières et vos notes d'encouragement.

J'ose croire qu'il vous sera utile, à vous surtout dans la Diaspora, quand les vagues du temps vous bousculent au moment où un horaire intransigeant vous tyrannise.

Vous y trouverez un total de cent-un messages aux aspects variés que vous pourrez utiliser au gré des circonstances.

Que le Seigneur daigne sanctifier ce travail et vous permette d'économiser un peu de temps pour d'autres préparations.

C'est avec un cœur reconnaissant que je vous présente mes sincères remerciements.

Votre co-ouvrier dans le Seigneur,

Pasteur Renaut Pierre-Louis

Série 1

Présentation Des Enfants
Au Seigneur

Avant-propos

Quel que soit le statut socio-spirituel de ses auteurs, l'enfant est une œuvre de Dieu indépendamment de son sexe, sa couleur et sa race. Ses parents ont pour obligation de lui donner des directives spirituelles. C'est là qu'intervient le rôle du ministre religieux avec son devoir de le présenter au créateur selon les rituels appropriés.

Nos vœux sont que cet ouvrage serve de guide à nos collègues et leur facilite la tâche au milieu de tant de besognes à abattre. Que Dieu leur soit en aide.

Pasteur Renaut Pierre-Louis

Message 1 – Présentation d'un enfant légitime

Lecture : Pr. 29 :15

Quelle doit être la joie des parents à la venue du premier-né, fruit de leur vigueur et de leur jeunesse ! Cet enfant était attendu. Tout était prévu pour lui souhaiter la bienvenue. On voit en lui le futur héritier. Il est choyé et il est traité en prince.

Que les parents sachent que l'éducation de cet enfant a commencé à partir de ce qu'ils sont. Ce que vous êtes dans vos habitudes, ce que vous êtes dans votre tempérament, passeront automatiquement à l'enfant. N'étant pas un robot, il est une entité particulière qu'il faut élever avec l'éducation, édifier avec l'instruction et dresser avec la correction. Sachez que l'enfant livré à lui-même fait honte à sa mère. Et celui qui fréquente les débauchés fait honte à son père. Mais le père châtie l'enfant qu'il aime. Pr. 28 :7 ; 29 :15 ; He. 12 : 6

Toute négligence dans ces domaines oblige la société à s'en charger. D'où viendra le rôle du juge, de l'avocat, de la Police avec leur maison de détention et de prison.

Fr Un tel___ Sr Une telle, promettez-vous de pratiquer le culte de famille, de choisir une bonne école pour votre enfant et de le corriger avec sagesse et fermeté ?

Réponse : Oui, pasteur

Prière :

En un temps où élever les enfants devient une tache abrutissante, aide Seigneur ce jeune couple à former cet enfant d'après ta Parole pour qu'il soit un modèle de probité et de vertu. Au nom de Jésus, nous t'en prions. Amen

Message 2 – Présentation d'un enfant adultérin

Lecture : Ge. 16 : 7-11

Au départ, cet enfant vient au monde avec le désavantage d'être un élément encombrant pour ses père et mère. Rien n'était planifié à l'avance pour le recevoir. Il va perdre aussi le bénéfice d'un statut légal prévu pour l'enfant légitime.

1. En aucun cas, il ne sera jamais légitimé.
2. Il n'aura pas droit à l'héritage.
3. Son auteur lui accordera la nourriture, le vêtement et l'éducation.

Abraham donna à Agar un pain et une outre d'eau. Il lui remit Ismaël et la renvoya. Ge. 21 :14

Était-ce la faute de la pauvre servante pour connaitre un tel sort ? N'est-ce pas de la volonté de Sara, sa maitresse qu'elle eut un enfant pour Abraham ? Ge. 16 : 3

Que les mères abusées ne s'alarment point. L'ange de l'Eternel est témoin de vos misères.

1. Il donna un nom au fils d'Agar. Il enregistre son acte de naissance dans les archives de Dieu.
2. Il lui promet des richesses incalculables. Ismaël est devenu le père des Arabes et des Egyptiens, peuples immensément forts et riches.
3. Il fera autant pour vous. Avant d'être le produit de cet homme qui vous l'a donné, il est le produit de

Dieu ; sa destinée était déjà inscrite dans le livre de Dieu. Ge. 16 : 9-11

Prière : Seigneur, reçois cet enfant de nos mains et mets sur lui l'empreinte de ta paternité et de ton onction divine. Au nom de Jésus, nous t'en prions. Amen

Message 3 – Présentation de l'enfant naturel

Lecture : Jg. 11 : 1-8

Le Droit appelle enfant naturel, le produit d'un homme et d'une femme vivant en concubinage notoire. Si, dans l'avenir, son père épouse la même femme, cet enfant naturel est légitimé par le mariage. Si au contraire, il se marie avec une autre femme, il pourra, avec le consentement de sa nouvelle femme, donner à l'enfant un acte de reconnaissance pour sa légitimation. Conséquemment, il aura droit à l'héritage à l'ouverture de la succession.

Tel n'a pas été le bénéfice de Jephté, issu de Galaad et d'une femme prostituée. Mais le sort en a décidé autrement quand ses frères, nés dans le mariage avec une autre femme, le chassa de la maison. Mais Dieu a fait de Jephté un brave homme qui libéra Israël de la servitude des ammonites.

Chère sœur, sache que tous les enfants, légitimes ou non, sont tous naturels. Leur valeur dépend du plan de Dieu pour eux.

Prière :
Que les enfants légitimes aient à envier le sort de cet enfant, au nom du Dieu de miséricorde qui ne fait acception de personne. Amen !

Message 4 – Responsabilité des père et mère

Lecture : 1Tim.5 :14

Introduction
Qui n'a pas le sens de responsabilité ne devrait pas être père ou mère. Cette fonction comme toutes les autres exige :

I. **La conscience du devoir**
   1. La première consiste à prendre soin de l'enfant jusqu'à son âge de majorité. 1Ti.5 :8
   2. La deuxième consiste à le dresser, à l'instruire selon la voie qu'il doit suivre. Pr.22 :6
   3. La troisième consiste à sélectionner son environnement. Ps. 1 :1-2

II. **L'esprit de sacrifice.**
   Pour tout cela, vous devez en payer le prix, renoncer souvent à vos désirs pour le satisfaire. Vous êtes l'engrais pour fertiliser son destin.

III. **L'amour inconditionnel**
   1. Nul parent n'a le droit de dire : J'aimerais mon enfant s'il était beau, intelligent ou athlétique. C'est votre produit. Ne soyez pas fier de l'enfant du voisin au détriment du vôtre.
   2. Et surtout ne comparez pas votre enfant avec vous. C'est ridicule de dire : Quand j'étais en 8eme ou en 9eme, je savais résoudre ces problèmes en 5 secondes. Mettez-vous à la hauteur de l'enfant pour grandir avec lui. C'est là la charité bien ordonnée.

Prière : Père, viens au secours de notre incapacité pour l'éducation de notre enfant selon ta volonté. Au nom de Jésus-Christ, nous t'en prions. Amen

Message 5 – Le boulot de la mère monoparentale

Lecture : Gr. 16 : 7-12

Rien qu'à voir un foyer acéphale, on peut déjà imaginer la situation d'une mère obligée de remplir deux rôles : Celui du père responsable et celui de la mère tendre et aimable.

Comment va-t-elle répondre aux besoins de l'enfant quand ses moyens sont limités ? Comment va-t-elle s'y prendre devant les cas d'urgence ? Vous le comprendrez quand elle se mettra à chanter :

« Mon seul appui c'est l'ami céleste, Jésus seul »

Mère monoparentale, il vous faudra une discipline rigide pour contrôler vos dépenses. Un centime mal géré peut vous couter très cher.

Par-dessus tout, vous devez montrer à l'enfant le chemin de l'Evangile. Que Jésus soit votre seule référence. Il pourra compenser votre manquement et lui ouvrir une porte. Vous n'êtes pas la première à passer par là. Voyez son intervention auprès d'Agar. L'Eternel donne un nom à l'enfant et assume lui-même les responsabilités de la paternité.

Tenez bon. Un beau jour, on vous félicitera. Le succès de votre enfant dans la vie sera votre trophée. Encore une fois, tenez bon.

Prière :

Seigneur, prends soin toi-même de cet enfant. Que les portes jusqu'ici inconnues lui soient grandement ouvertes et que, devenu grand, il te reconnaisse comme son Seigneur et son Sauveur. Au nom de Jésus nous t'en prions. Amen

Message 6 – Responsabilité de l'Eglise

Lecture : Lu.2 :25-32

La présentation d'un enfant au temple engage automatiquement la responsabilité de l'Eglise. Vous n'êtes pas des témoins passifs d'un événement. Vous allez prier pour la famille et surtout pour l'enfant. Qui sait si en lui, vous ne saluez déjà le futur pasteur de l'Eglise ou bien le futur chef de la nation ?

Commencez par le respecter dès le berceau. Alors, vous direz comme Siméon : Maintenant, Seigneur, tu laisses ton serviteur s'en aller en paix, selon ta parole. Car mes yeux ont vu ton salut, salut que tu as préparé devant tous les peuples, lumière pour éclairer les nations, et gloire d'Israël, ton peuple.

Prière :
Seigneur, que cet enfant reçoive dès maintenant ton onction pour une destinée merveilleuse. Par Jésus ton Fils, nous t'en prions. Amen

Message 7 – Laissez venir à moi les petits enfants

Lecture : Mc.10 :13-16

Introduction

Avant d'introduire votre enfant dans la grande société, il vous est fortement recommandé de le présenter au Seigneur pour plusieurs raisons :

1. La première, c'est qu'il porte sur ses mains l'empreinte matérielle de Dieu suivant Job 37 :7 L'enfant est donc la propriété de Dieu. C'est lui qui nous a fait. Il sait de quoi nous sommes formés.
2. La deuxième c'est que Dieu est le Père des esprits. He.12 :9 L'enfant était esprit avant d'avoir un corps. Il ne pourra jamais fonctionner en toute liberté sans avoir le sceau du Saint Esprit sur lui. Il faut qu'il soit né de nouveau.
3. La troisième c'est que la présentation de l'enfant est un acte d'adoration. Dieu va mettre son empreinte spirituelle sur lui et le façonner selon son bon plaisir.
4. En tant qu'une offrande à Dieu, songez à faire comme Anne : Elle accompagne cette offrande avec un don spécial. 1Samuel 1 : 24-25

Prière :

Seigneur, nous te présentons _____ Untel__ Qu'il reçoive ton toucher et que ton sceau sur lui soit une marque indélébile pour qu'il soit reconnu comme ta propriété devant toute force visible ou invisible. Au nom de Jésus nous t'en prions. Amen

Message 8 – Instruis l'enfant selon la voie qu'il doit suivre

Lecture : Proverbes 22 :6

Introduction

Tout le monde admire la croissance de l'enfant dans son corps, son âme et son esprit. Que les parents sachent que l'enfant est une plante qu'il faut dresser, et qu'il faut le dresser au départ. Certains traits, une fois ancrés dans ses habitudes, ne pourront jamais en sortir.

Quelle est la voie qu'il doit suivre ?
C'est celle du bon exemple exécuté en sa présence. Il enregistre tout dans son subconscient. Il n'a pas besoin comme vous de dictionnaire ni de grammaire pour apprendre une langue étrangère en deux mois. Que sa réaction ne vous étonne pas. Veillez sur vos actes et sur vos paroles. Remplissez son petit cœur de chants, de versets, de petites histoires. Ce petit appareil d'enregistrement va tout vous réciter si vous osez oublier. Evitez-vous des surprises désagréables.

Prière :

Seigneur, donne à ces parents assez de sagesse pour remplir le cœur de cet enfant avec ta parole pour sa formation spirituelle, pour le bonheur de l'Eglise, pour la nation de demain et pour ta plus grande gloire. Au nom de Jésus. Amen.

Message 9 – Comment éduquer le nouveau-né

Lecture : Mc.10 : 13-16

Dès sa naissance, l'enfant est appelé à grandir dans la présence de la mère, sa gardienne. Ainsi elle est redevable envers Dieu et son mari par rapport à l'enfant.
Elle doit lui donner toute son attention. Leur relation est telle que l'enfant regarde à sa mère pendant tout le temps de son allaitement au biberon ou au sein.
Elle imprime la tendresse et l'amour dans son petit cœur. Le cordon ombilical, même coupé, ne détache pas pour autant l'enfant de sa mère. Ils restent toujours liés.
Puisqu'il en est ainsi, mère, commencez par imprimer en lui l'amour pour Dieu en baissant la tête en signe de prière et de révérence envers Dieu. Chantez devant lui de petits chœurs. Bercez-le avec de la musique. Souriez souvent devant lui et évitez de vous paniquer pour un petit incident. L'enfant doit crier. C'est sa télécommande (son remote control) pour vous appeler auprès de lui. Mais ne soyez pas pour autant esclave de ce remote. Autrement, il sera un enfant gâté.
Ne secouez pas l'enfant pour le faire dormir. Respectez ses heures de repos et de nourriture. Mettez-le sur votre épaule pour libérer les gas dans son petit estomac. A l'heure du coucher, qu'il ne dorme pas dans votre sein. Que l'enfant connaisse déjà la liberté au lieu d'être couvé par une mère qui le surprotège.
Prière :
Seigneur, donne à cette mère la sagesse pour remplir son rôle de mère et de tutrice pour cet enfant qui est tien. Au nom de Jésus, nous t'en prions. Amen

Message 10 – Comment éduquer le nouveau-né

Lecture : Mc.10 : 13-16

Certaines fois, les mères accablées sous le poids d'une famille nombreuse, sont agacées par un enfant pleurnichard. Que doit-on vous conseiller, mère ?
Evitez surtout de crier sur la tête de votre enfant. Il doit être élevé avec la crainte et non avec la peur.

Vous êtes sa référence et non son agent de police. Il n'est pas du tout responsable de vos problèmes personnels qu'il est loin de savoir.

Lorsque vous criez sur sa tête pour le faire taire, il se croira obligé de tout accepter sans devoir réagir même devant les abus et les exploitations. Déjà vous élevez un esclave et non un homme.

Mère, nous avons besoin d'hommes libres, des hommes équilibrés, des têtes pensantes pour diriger notre nation. Peut-on compter sur vous ?

Prière :
Seigneur, donne à cette femme la sagesse de Marie pour élever cet enfant dans la dignité pour un lendemain meilleur dans notre Eglise et dans notre pays. Au nom de Jésus, nous t'en prions. Amen

Message 11 – Ce que les parents doivent éviter

Lecture : Pr.22 :6

Un enfant est un don de Dieu. En tant que don, il vient des mains du donateur. Le donateur sait ce qu'il donne et à qui il donne. Le premier devoir du bénéficiaire est de lever la tête et le remercier.

L'enfant n'est pas un accident dans l'univers. Il est programmé par le créateur avant de venir chez vous. Vous devez l'aimer, l'apprécier, l'élever avec une bonne instruction et une bonne éducation.

Par conséquent, vous devez éviter de l'aimer plus que Dieu en le laissant faire ce qu'il veut, en lui donnant tout ce qu'il demande. Sinon, il deviendra un dictateur.

Vous devez éviter de le punir pour chaque petite faute. Habitué à recevoir des coups pour un cric ou pour un crac, il deviendra « sans honte et sans dignité »

Evite de crier sur sa tête pour le faire taire. Autrement il obéira seulement à la force et il perdra la force de caractère.
Montrez-lui de l'amour et du respect. Soyez sévère mais aussi flexible. L'amour est la plus grande force pour dresser un enfant. Agissez avec amour.

Prière :

Seigneur, donne à ces parents la sagesse d'en-haut pour élever cet enfant qui n'avait pas demandé à naitre. Au nom de Jésus nous t'en prions. Amen

Message 12 – Quel genre de jeux donner à l'enfant ?

Lecture : Pr. 22 :6

Que les parents se rappellent que les jeux ont un pouvoir permanent dans le subconscient de l'enfant. Ils forment en lui des images qui seront un jour reproduites dans sa vie comme une seconde nature.

L'enfant n'a pas besoin comme vous de grammaire, de dictionnaire ou de livre de lecture pour apprendre n'importe quelle langue en peu de jours. Il apprend par l'image.

Si vous voulez former en lui un musicien, un guerrier, un homme de métier, un assassin ou un homme de Dieu, point n'est besoin de vous dire quel genre de jeux mettre devant lui.

C'est comme pour l'abeille. Vous obtenez d'elle la qualité de miel d'après le genre de fleur auquel vous l'avez exposé.
Parents, je vous rends donc responsable de ce que vous offrez à votre enfant. L'avenir dira le reste.

Prière :

Père, éduque ces parents pour qu'il éduque cet enfant d'après tes instructions. Au nom de Jésus-Christ. Amen

Message 13 – Quels genres de programmes lui soumettre ?

Lecture : Pr. 22 : 6

Le développement d'un enfant est graduel de corps, d'âme et d'esprit. Il est donc nécessaire de lui choisir les programmes appropriés à son âge et à son niveau de compréhension.

Les petites cloches qui tintent, la musique douce qui flattent les oreilles de ce petit être lui créent un environnement de bonheur. À défaut de ces facilités, la mère peut chanter pour l'enfant en souriant. Il s'ouvre et se ferme en suivant vos gestes. Il vous suffit de froncer les sourcils pour le faire pleurer.

Les couleurs attrayantes comme la rose, le rouge, la turquoise, le flamingo et le jaune jouent un grand rôle dans le tempérament de l'enfant.
Regardez bien : l'enfant a le sens d'observation. Avant d'accaparer un objet, il le regarde, puis le saisit. Il sait déjà s'il s'agit d'une chose à manier ou à porter à la bouche.

Sachez aussi que tout programme a son heure. L'enfant élevé rigoureusement suivant son heure de repas, de sommeil et de jeu sera préparé pour devenir le leader de demain. Parents, jouons bien.

Prière :
Seigneur, que l'environnement de cet enfant soit le cadre idéal pour sa formation, pour le bien de la communauté et pour ta plus grande gloire. Amen

Message 14 – Quand l'enfant cesse de l'être

Lecture : Pr. 20 :11

Tout enfant est né avec son caractère, ses goûts et ses préférences que vous allez découvrir à la faveur des personnes, des mets et des choses qu'on lui présente.

Ce sont là les repères pour identifier sa personnalité. Dès l'âge de quatre ans, il vient avec les « pourquoi » et il cherche à s'imposer ou à rebeller. Il faut être ferme et souple à la fois.

L'enfant est très possessif. Il tient mordicus à ce qu'il a en main. Au grand jamais, ne le brusquez pas sauf s'il s'agit d'une arme offensive. Autrement, tendez-lui une autre chose plus jolie en vantant sa qualité ou sa beauté. Entretemps, il lâche la chose dangereuse sans le savoir.

L'enfant brusqué sera irrité et deviendra incontrôlable. Parents, songez que votre enfant est souvent le miroir où vous pourrez regarder vos propres faiblesses. Punissez-vous d'abord avant de le punir. Il sera corrigé plus facilement.

Prière :
Père, aide ces parents à élever cet enfant avec sagesse, amour et patience. Au nom de Jésus. Amen

Message 15 – On lui amena des petits enfants…

Lecture : Mc. 10 : 13-16

Il est très commun aux mères de présenter leurs enfants aux personnes dignes de confiance. On comprendra pourquoi elles n'hésitaient pas à former la file pour exposer leurs enfants au toucher de Jésus.

Pourquoi ?
Pour recevoir le contact d'un Dieu infini. Pour infuser à leurs enfants l'ambition de l'infini. Avec le toucher de Jésus, le ciel est leur limite.

Ils auront l'espace des difficultés à franchir, des promotions à cueillir mais rien ne pourra les arrêter.

Parents, avant de présenter vos enfants à une institution d'éducation sportive, classique et à toute autre société, ayez soin de les exposer au toucher de Jésus. Ils auront sur eux l'empreinte de l'éternité.

Prière :
Exauce les vœux de ces parents à l'endroit de leur enfant et que l'Eglise et la nation en soient les bénéficiaires pour ta gloire. Au nom de Jésus. Amen

Message 16 – Les enfants, la nation de demain

Lecture : Mc.10 : 13-16

Les disciples manifestaient de la discrimination à l'endroit des enfants. Ils ignorent que les enfants sont des plantes frêles qu'il faut protéger, qu'ils incarnent le lendemain de la nation. Par conséquent, Il faut les élever avec dignité.

Habillez-les bien. Qu'ils s'asseyent à table avec vous, à côté des dignitaires. Ils l'ignorent maintenant. Mais devenus grands ils vous jugeront ou vous apprécieront à partir de la façon dont ils étaient traités dans leur enfance.

Ils vous jugeront où vous apprécieront à partir des photos qu'ils avaient prises avec vous durant les cérémonies de mariages, dans les réceptions, dans les lieux d'amusement.
Accompagnez-les dans leur compétition sportive. Qu'ils soient encouragés par votre présence. Soyez les premiers à former leur public.
Soyez prêts à dire aux gens bourrus : « C'est mon fils, c'est ma fille. » et empressez-vous à les présenter aux gens de votre connaissance pour qu'ils les saluent ou les embrassent selon votre degré de relation avec ces personnes. Vos enfants, respectez-les. C'est la nation de demain.

Prière :
Mets ton sceau sur cet enfant. Que le ciel soit le seul à pouvoir le réclamer. Rends-le invisible aux yeux des méchants. Au nom de Jésus. Amen

Message 17 - Laissez venir à moi ...

Lecture : Mc.10 : 13-16

Evitez d'intimider vos enfants. Autrement ils développeront un complexe d'infériorité. Voilà le premier ennui à leur développement social et mental. En criant sur la tête de l'enfant, vous le préparez à devenir esclave. Qu'il soit au contraire un homme libre, à stature verticale, capable de regarder les gens dans les yeux sans provocation ni effronterie, sans timidité ni peur.

Jésus est venu nous affranchir. Jn.8 :36

Il veut que vous prépariez vos enfants à devenir des leaders. Ils doivent être la tête et non la queue.

Laissez les inconvertis amener les leurs à Saint Jacques, Ogoun Balindjo. Quant à vous, amenez-les à Jésus-Christ. Ils auront reçu l'empreinte de la vertu et de l'immortalité.

Prière :

Père, l'acte de naissance de cet enfant ne vaudra rien sans ta signature dans sa vie. Mets ton sceau sur lui maintenant.

Au nom de Jésus. Amen

Message 18 – Ce que Jésus-Christ fait ressortir chez les enfants

Lecture : Mc. 10 :13-15

Pourquoi Jésus prend-il l'exemple des enfants comme condition pour entrer dans le royaume des cieux ? C'est parce que d'abord :

1. Les enfants ont la foi : ils ne connaissent aucun argument pour supporter leurs idées propres. Ils acceptent ce qu'on leur dit sans discuter.
2. Ils ont la simplicité : Ils n'ont que faire des modes, des préférences. Ils sont sincères. Ils diront la vérité telle qu'elle est.
3. Ils sont humbles : Ils n'ont aucun complexe de supériorité, d'infériorité, aucun préjugé de couleurs, de grosseur ou d'origine. Voilà les vertus requises pour entrer dans le royaume de Dieu. Soyez comme eux. Mais ne faites pas l'enfant sinon que dans la vie spirituelle.

Prière :

Que cet enfant soit élevé de manière à te ressembler. Au nom de Jésus. Amen

Message 19 – L'empreinte de famille sur l'enfant

Lecture : Mc. 6 : 3

Savez-vous pourquoi Jésus fut appelé « le charpentier ? » C'est, à n'en pas douter le premier métier qu'il a pratiqué en compagnie de Joseph, son père nourricier. L'enfant doit participer à votre profession autant que possible pour qu'il sache qu'on gagne un pain à la sueur au front. On ne doit pas donner à l'enfant tout ce qu'il demande. Au fur et à mesure qu'il peut assumer certaines responsabilités, il doit participer aux dépenses au sein de la famille.

Ce n'est pas à dire qu'on doit lui payer pour veiller sur son petit frère ou sa petite sœur, pour changer leur couchette ou leur donner le biberon. Autrement, il va développer en lui la cupidité et ne rendra service à personne sinon à prix d'argent.

Il doit apprendre à avoir la dignité du travail. Ainsi les parents peuvent lui donner des récompenses pour ses succès à l'Ecole, dans le sport et dans les compétitions en général.

Rappelez-vous que Jésus s'est servi de son métier de charpentier : il parlera de maison à construire sur le roc. Il bâtira son Eglise que les puissances de l'enfer ne sauraient détruire. Il parlera des demeures chez son Père céleste. Mt.7 :24 ; 16 :18 ; Jn. 14 : 2

Prière :

Que cet enfant apprenne la dignité du travail et la reconnaissance envers ses parents. Par Jésus-Christ notre Seigneur. Amen

Message 20 – Veillez à la dignité de votre enfant

Lecture : Lu. 1 : 35 ; 2 : 6-7

N'êtes-vous pas surpris d'entendre Jésus dire à Marie : « Femme, qu'y a-t-il entre toi et moi ?
Il n'avait jamais l'intention d'insulter sa mère. Marie n'avait pas fait non plus une scène avec cette remarque. Au contraire, elle s'adressa aux serviteurs affectés à la cérémonie en leur disant : « Faites tout ce qu'il vous dira ». Marie a pu distinguer son fils premier-né du saint Enfant né du Saint-Esprit. Lu.1 :35 ; 2 :6-7

Les parents doivent savoir respecter leurs enfants dans l'exercice de leur profession. Autre est l'enfant que vous avez élevé et autre le professionnel à son travail. Toute familiarité en public doit être écartée. Cette légèreté peut nuire à sa dignité et à son autorité. Vous ne lui rendez aucun service en lui apportant des gâteries à son bureau ou en lui donnant un surnom de famille devant ses subordonnés ou son chef hiérarchique. Réservez ces attentions pour l'intimité familiale.

Prière :
Apprends nous Seigneur à honorer ton œuvre dans l'enfant dont nous avons la garde. Dans le nom de Jésus, nous t'en prions. Amen

Message 21 – La sainte discipline chez Jésus

Lecture : 1 Co.14 :33

Après sa résurrection, Jésus fixa son lit avant de monter au ciel. La bible déclare qu'il est un Dieu d'ordre et non de désordre. Jn.20 :7 ; 1Co.14 :33
Il faut apprendre à l'enfant à faire son lit, à arranger sa chambre, sa garde-robe, à éviter de laisser ses sous-vêtements, ses jouets trainer partout.

A la sortie des classes, il doit savoir s'atteler au devoir de maison et classer ses affaires pour le jour suivant. Il n'est pas question de manger dans les chambres.

Il doit se mettre à table, pour en connaitre les bonnes manières, tant dans les conversations appropriées que dans le protocole à observer. Ensuite, il aidera à faire la vaisselle pour ne pas tout laisser sur le dos de sa mère.

Les parents peuvent toujours partager l'ordre du jour avec eux pour qu'ils sachent le faire à leur tour.
Que nos enfants sachent que la propreté ne se limite pas à la maitresse de maison ni aux enfants femelles mais s'étend sur tout le monde.

Prière :
Aide-nous Seigneur à élever nos enfants sans discrimination surtout en matière de travail et de coopération. Au nom de Jésus nous t'en prions.

Message 22 – Quel nom donnez-vous à votre enfant?

Lecture : Ge. 2 : 18-19

Le nom de toute chose et de tout homme reflète la valeur de cet homme ou de cette chose. On doit être prudent dans le choix des noms pour que Dieu l'approuve. Le nom doit vouloir dire quelque chose qui marque sa destinée.

Joseph, Josué, et Jésus sont des noms de même racine pour signifier Libérateur, sauveur.

1. Joseph libéra ses frères de la famine. Il leur accorda le visa d'entrée en Egypte. Ge.45 :5
2. Josué fils d'Ephraïm, fils de Joseph, entra le peuple d'Israël en Canaan. No.13 : 8
3. Jésus, le Sauveur du monde nous donne accès dans le Canaan céleste. Ses surnoms caractérisent sa mission : On l'appellera Admirable, Conseiller, Dieu Puissant, Père Eternel, Prince de la Paix.
   a. Si le nom est défavorable, Dieu peut le changer par un jugement en rectification comme il en avait fait pour Jacob, le voleur devenu Israël, ami de Dieu.
   b. Dieu peut changer votre nom tribal, le nom charnel, le nom de mal chance, le nom de destruction, pour faire de vous un chrétien.

Qu'il en soit ainsi pour cet enfant, au nom de Jésus.

Prière :

Père Eternel, ta signature, s'il te plait, sur cet enfant. Au nom de Jésus.

Message 23 – Elevez votre enfant avec la dignité de roi.

Lecture : Jg.8 :18.-19

Zebach et Tsalmunna viennent de tuer deux soldats dans les rangs d'Israël.

Quand Gédéon, voulant se renseigner sur deux officiers manquants, demanda à ces deux rois de décrire qui ils avaient tué, Ils lui répondirent : « **Ils étaient comme toi, chacun avait l'air d'un fils de roi.**» Qu'entendons-nous par fils de roi ?

1. Ils étaient distingués dans leur posture. L'étiquette de grandeur n'est pas dans les habits chers ou dans le ton de la voix. On ne ramasse pas le prestige dans les magasins ni dans les foules mais dans la force du caractère.
2. Ils posaient des actes individuels et responsables.
3. Ils ne trichaient pas pour réussir.
4. Ces deux jeunes soldats gardaient toute leur dignité même devant la mort.

Parents, cultivez dans votre enfant le sens de la grandeur e de l'honnêteté, Ils n'ont pas besoin d'avoir été sur le champ de bataille pour récolter des lauriers de gloire. Qu'ils apprennent à dire la vérité, à reconnaitre leurs erreurs et à les confesser, à présenter leurs excuses à la personne offensée, à éviter les complots. Avec cela, ils auront l'air de fils du roi des rois. Qu'il en soit ainsi pour cet enfant.

Prière :

Père, donne à ces parents d'élever cet enfant à la manière des frères de Gédéon. Au nom de Jésus. Amen

Message 24 – Elevez votre enfant avec la dignité de roi (2)

Lecture : Mt.13 :55
Si votre enfant a la vocation d'être grand, soyez les dignes gérants de ce grand. C'est à vous de préparer le terrain pour son élévation. C'est à vous de préparer l'entourage pour son éducation. Combattez en lui le complexe d'infériorité. Amenez-le dans les grands centres, les hôpitaux, les hôtels, les tribunaux, les casernes, les palais.

Qu'il sache que ces gens sont aujourd'hui ce qu'il sera demain. Qu'il se mette à table en livrée. Qu'il sache qu'il y a de sottes gens mais pas de sot métier ; que vous n'êtes pas inférieurs à cause du genre de travail que vous faites pour gagner le pain. **Ils doivent le faire avec vous aussi.**

Ne soyez pas pauvres deux fois. Elevez votre enfant avec courage pour rehausser son origine. Qu'il vienne de Raboteau, de la Saline, de la Fossette, de Rempart, de Cité Soleil, du Haut du Cap, de Bethleem, de Nazareth, qu'importe ? Que personne ne vous blâme à cause de votre origine.
Pilate et Hérode ont fait de la vieille politique, la politique sale et cruelle. Jésus a fait Golgotha. Il n'avait pas l'air de fils de roi. Il était roi. Conserve à ton fils la dignité de chrétien, de fils du roi des rois. Il est un prince. Aimez-le et respectez-le

Prière :
Apprends-nous Seigneur à saluer dans ce petit prince, le roi de demain. Au nom de Jésus-Christ. Amen

Message 25 – Elevez vos enfants dans la dignité (suite)

Lecture : Pr. 22 :6

Parents, ne vous mettez pas à une telle hauteur que votre enfant se croit traité comme inférieur. Le proverbe créole vous dit : » Ti moun pa chen, granmoun pa Bondye. Vous étiez comme lui et bientôt, il sera comme vous et vous dépassera. Apprenez à saluer en lui le docteur, l'infirmière, l'ingénieur, l'avocat, le sénateur ou le président de demain.
N'attendez pas qu'il soit adulte pour lui apprendre les principes élémentaires de l'éducation.
Il doit apprendre ces notions de base :
1. Saluer les gens avec politesse ;
2. Offrir son aide, son service sans être sollicité ;
3. Défendre la cause des plus faibles ;
4. Se disposer à partager son pain avec les sans-pain ;
5. Avoir de la place dans son auto pour le piéton.
6. Partager son petit déjeuner avec son condisciple ;
7. Obéir non pas à une personne mais au principe ;
8. Respecter tout le monde quel que soit leur rang ;
9. Rechercher le bien du plus grand nombre ;
10. Se mettre du côté du plus faible.
C'est de vous qu'il doit apprendre tout cela. Etes-vous prêts à lui en prêcher l'exemple ?
Que Dieu vous soit en aide !

Prière :

Augmente la foi et le courage de ce couple pour la formation intégrale de cet enfant. Au nom de Jésus. Amen.

Message 26 – Développez chez l'enfant le sens de responsabilité.

Lecture : Pr. 22 :6

Souvenez-vous de nos premiers parents dans le jardin d'Eden. Puisque Dieu a créé l'homme à son image et à sa ressemblance, il a voulu développer en lui le sens de responsabilité. C'est pourquoi il l'engage à donner des noms aux animaux. Adam a passé le test. Ge. 2 :19-20

Il l'engage ensuite à cultiver le jardin et à le gérer.
L'enfant est appelé à assumer des responsabilités en proportion de sa capacité physique et mentale pour les gérer.

Commencez avec le biberon qu'il doit tenir, avec ses chaussures qu'il doit amarrer, avec son lit qu'il doit faire et ses jouets à arranger et ses livres à mettre en place.
Un beau jour il sera à vos côtés pour faire la cuisine, la lessive, à nettoyer la voiture qui le transporte à l'école chaque jour, à pousser la vadrouille (lawn-mower) pour faire le gazon.
Elever l'enfant avec le complexe de supériorité l'éloignera de vous et vous prendra comme un serviteur ou une servante et non comme un père et une mère. Comme cela, il sera gêné de vous saluer en public devant ses camarades. Surveillez-vous chers bien-aimés.

Prière :
Seigneur donne à ces parents assez de clairvoyance pour élever cet enfant pour ta plus grande gloire. Au nom de Jésus.

Message 27 – Développez le jugement chez votre enfant

Lecture : Jn.15 : 1.2

Dans les temps bibliques on est ou bien agriculteur ou bien vigneron. Les métiers étaient limités.

Aujourd'hui on peut être ce qu'on veut. C'est alors qu'on peut guider l'enfant sur le choix de son métier sans pour autant lui en imposer un sous prétexte que tel métier est trop bas ou peu lucratif. Il y a de sottes gens mais pas de sot métier.

Rien ne vous empêche de l'initier dans votre profession dès le bas âge comme a fait Joseph envers Jésus. Là encore, même si Jésus exerçait le métier de charpentier, c'était un début et Joseph ne lui imposait pas de rester dans un atelier à Nazareth. C'est avec Jésus que nous apprenons que le ciel est notre limite. Que votre enfant grandisse avec l'intuition que rien ne lui est impossible et que rien ne peut l'arrêter dans sa marche vers l'avenir.

Avec Dieu, il fera des exploits. Il écrasera ses ennemis qu'ils s'appellent « complexe d'infériorité, paresse, négligence, insouciance, découragement et que sais-je ?... Ps.108 :13

Prière :
Père, crée en cet enfant l'ambition de se dépasser pour atteindre les sommets de la victoire et de la gloire, pour l'affranchissement de notre nation. Par Jésus-Christ notre Seigneur. Amen

Message 28 – Excitez votre enfant à la bravoure

Lecture : 1Samuel 17 : 34-36

L'enfant doit s'affranchir de la peur. Evitez de lui raconter les histoires de loup-garou, de vieilles sorcières surtout la nuit. Qu'il participe dans des compétitions sportives. Qu'il accepte de perdre sans pour autant se décourager. Félicitez-le pour ses prouesses et s'il perd, dites-lui qu'il a bien fait, il fera mieux la prochaine fois. Ne lui dites jamais qu'il est capon, poltron, lâche, imbécile ou crétin. Ne lui rappellez pas les faiblesses de son grand père qu'il ne connaissait pas peut-être. Ne le rabaissez jamais et surtout ne le ridiculisez ni en public ni en privé.

S'il tombe ne faites pas une histoire avec cela. Au contraire, criez Bravo ! Bravo, vous êtes un garçon ! Vous êtes une brave fillette ! Là encore il n'est pas question de punition ni de récompense. Autrement il va en faire un jeu.

Quand il fait froid, il doit garder le lit s'il est malade. Autrement qu'il déploie le même zèle pour aller à l'Eglise comme pour aller à l'école.
Préparez un homme et non un chiffon.

Prière :
Cher Père des cieux, que tes yeux soient sur cet enfant. Incarne en lui l'esprit de David pour qu'il brave les géants et les renverse. Au nom de Jésus.

Message 29 – Développez le respect chez l'enfant

Lecture : Jn.2 :3-4

Certains parents exigent de l'enfant ce qu'ils n'ont jamais exigé d'eux-mêmes. Exemple : le respect.

1. Pour les supérieurs et pour tout le monde.
   a. Qu'il apprenne à saluer les gens sur son passage, riche ou pauvre, grand ou petit, blanc ou noir.
   b. Qu'il respecte les biens d'autrui, les biens de son frère ou de sa sœur, les biens de l'Eglise ou d'une compagnie.

2. A votre tour, parents, respectez vos promesses à l'enfant que ce soit une punition ou une récompense. Il vous fera confiance et ne sera jamais irrité.

3. Qu'il apprenne de vous à être ponctuel. C'est le secret du grand leader. Préparez votre enfant à le devenir. L'enfant doit respecter l'heure et son horaire de travail. Ainsi il faut lui donner un temps limite pour finir quoique ce soit par respect pour l'heure et pour sa propre personne.

Jésus fit tout à son heure. Suivez son exemple.

Prière :

Donne-nous le courage d'être sincère et consistant dans l'éducation de notre enfant. Supplée à nos manquements dans ce domaine. Au nom de Jésus.

Message 30 – Développez chez l'enfant le sens du civisme.

Lecture : Lu.20 :22-26

Nous entendons par civisme la capacité du citoyen de remplir son rôle politique dans son pays.
Si vous votez un candidat, vous avez fait un choix. Vous devez être content de son succès. S'il échoue, songez que vous devez coopérer pour le bien de votre pays. Evitez de critiquer le gouvernement devant l'enfant. Cet écart de conduite pourra nuire à la formation de son jugement.
Montrez du zèle à payer les taxes à l'Etat et à ne jamais tricher. Qu'il sache que vous votez un candidat à l'élection dans votre pays.

L'enfant doit savoir qu'il doit garder l'équilibre dans le succès comme dans l'échec, et ne pas prendre pour ennemi son adversaire sur le terrain de jeu.
Allez avec lui au match de football par exemple. Il verra que les deux équipes se donnent la main avant le tournoi et laissent le terrain sans heurt à la fin. Ainsi devra-il être dans la vie et surtout dans la vie chrétienne.

Prière :

Seigneur, aide-nous à former le jugement de notre enfant pour son intégration normale dans la société et son endurance dans la vie chrétienne. Au nom de Jésus. Amen

Message 31 – Développez en lui le sens des obligations sociales.

Lecture : Pr. 22 :6

Qu'il est déplorable de voir des gens dénués de toute valeur élémentaire ! D'où cela vient-il ?
Certaines notions de base étaient négligées dans leur formation infantile. Parlons-en. Apprenez à l'enfant

1. A dire merci
2. A adresser une carte à grand ma et à grand pa dans des occasions spéciales.
3. A écrire une note d'appréciation à son professeur à la fin de l'année scolaire.
4. A envelopper de petits cadeaux pour les prisonniers, pour les soldats sur le champ de bataille.
5. A saluer les gens en les regardant droit dans les yeux.
6. Accompagnez-le pour donner une enveloppe aux facteurs de lettres et de journaux, au chauffeur de la voirie pour qu'il sache comment apprécier les services d'autrui.
7. Apprenez-le à appeler par leur nom les employés de poste, de bureau, s'ils portent un badge. Ils aiment fortement qu'on les appelle par leur nom.

Parents, combien cet effort va-t-il vous couter pour intégrer votre enfant dans la société ?

Prière :
Père, accompagne-les dans ces rencontres au nom de Jésus. Amen

Message 32 – Apprenez à l'enfant à partager

Lecture : Es.58 :7

Certaines gens, devenus grands, ne savent pas qu'ils doivent partager ce qu'ils ont avec les autres. Ils ne l'avaient pas appris tout simplement.

Il est plus facile de l'appliquer dans une famille nombreuse où les enfants partagent le même toit, la même table et parfois la même chambre à coucher. Quand on considère que le cadet porte les habits de son frère ainé, que l'ainé ait à partager certaines choses avec son ou ses petits frères et sœurs, l'égocentrisme peut s'amoindrir ou disparaitre.

Mais pour l'enfant unique, il a tendance à croire que tout est pour lui. Même ses parents sont des biens privés auxquels nul n'a le droit de toucher. A ce stade, il est à conseiller d'amener votre enfant dans les milieux défavorisés pour apprendre à céder ses habits et ses petits jouets aux autres.

A la vérité, il faut commencer avec vous-mêmes, pour qu'il apprenne à donner à papa et à maman. A l'avenir, il saura comment partager avec vous et avec le prochain.

Certaines gens n'ont aucune gêne pour venir à l'Eglise sans apporter leurs offrandes et leurs dimes au Seigneur. Faites de votre enfant un partenaire avec Dieu.

Que l'enfant lui-même vienne déposer son argent dans le plateau. Il le fera sans vous demain. Parents, apprenez à votre enfant la vertu du partage. C'est pour son bien et pour la gloire de Dieu.

Prière : Seigneur, je t'écoute. Enseigne-moi. Au nom de Jésus. Amen

Message 33 – Grandissez avec votre enfant

Lecture : Lu. 2 : 39-40

Comment grandir avec son enfant quand vous vieillissez tandis qu'il entre dans l'avenir ? Si vous ne grandissez pas avec lui, il aura de la peine à vous dépasser.

On grandit avec son enfant en l'associant à ses expériences.

En sortant avec lui pour l'aider à découvrir son monde.

Il faut l'amener à l'école pour son instruction et pour qu'il fasse la différence entre la discipline scolaire et la discipline chez lui.

Il faut connaitre les matières que l'enfant étudie et le supporter dans son devoir de maison.

Il faut l'assister dans ses compétitions sportives, dans ses présentations en public. C'est là que vous allez découvrir sa vocation en vue de l'orienter.

Dans l'âge de l'adolescence, l'enfant ne manque pas de vous donner des problèmes à cause des changements dans son état physique et émotionnel. Il adopte des attitudes sans s'en rendre compte. A la fin, il veut rechercher son indépendance et prendre au tragique tous les blâmes. Il vous faut alors avoir le sens de l'humour et ne pas s'en moquer surtout pour ses gaucheries.

Acceptez-le avec ses amis s'ils viennent chez vous. C'est son nouvel environnement.

Grandissez avec lui et montrez-lui plus de sympathie.

Prière :
Seigneur, la main forte ! Au nom de Jésus. Amen

Message 34 – Comment créer un encadrement heureux pour l'enfant

Lecture : Jn.13 :35

Certains parents se félicitent d'avoir des enfants non impliqués dans la drogue, le sexe ou la délinquance. Mais ce n'est pas tout.

1. Il faut que chacun assume une responsabilité au sein de la famille pour mieux soigner les relations les uns envers les autres.
2. Il faut le respect réciproque.
3. Il faut la loyauté et l'intégrité.
4. La famille doit être flexible. Parents et enfants travaillent en équipe. En étant près l'un de l'autre on arrive à se connaitre dans ses points forts ; mais quant à ses points faibles, on les admet au lieu de les défendre. Ainsi vous gagnerez le respect de vos enfants.
5. La famille doit être expressive. On se montre de l'attention, de l'affection et on cherche à se comprendre. On évite de blâmer à longueur de journée pour ne pas décourager les enfants et les forcer à quitter la maison au plus tôt.
6. La famille doit avoir l'esprit d'initiative. Elle peut facilement s'impliquer dans les activités à l'école, à l'Eglise.
7. La famille doit être réaliste. Qu'elle ne donne pas l'impression d'être ce qu'elle n'est pas. Admettre ses erreurs et en demander pardon, nous rendra plus humains et acceptables dans notre milieu. Une famille pareille aide l'enfant à être équilibré et responsable.

Prière : Seigneur, viens à notre secours. Au nom de Jésus. Amen

Message 35 – Reconnaitre les points forts et les points faibles dans votre famille

Lecture : Ep. 6 : 1-4

Tous les enfants même issus des seuls père et mère sont malgré tout différents. Ils réagissent différemment devant les mêmes situations.

Les parents sont à conseiller d'exposer leurs enfants en invitant d'autres familles chez eux ou bien en les faisant participer dans des activités communautaires pour essayer de dégager leur personnalité. Cette initiative vous permettra de suivre leur comportement et à en tirer des conclusions.

D'un autre côté, si vous pouvez relever des travers de tempérament chez votre enfant, il peut aussi en relever chez vous ; mais ne soyez pas fâché s'il vous fait des remarques sur votre façon de parler ou d'agir. Il vaut mieux l'entendre de votre enfant que des gens qui vous raillent et vous dénigrent. C'est là que l'enfant va apprendre la démocratie pour dire ce qui est vrai sans heurter personne. Quelle école !

Prière :
Seigneur, donnez-nous assez d'humilité pour apprendre de nos enfants qui apprennent aussi de nous. Au nom de Jésus, nous t'en prions. Amen

Message 36 – Quel est votre plan pour votre adolescent ?

Dès que l'enfant est en voie d'atteindre l'âge de la puberté, les parents commencent à paniquer. De son côté, l'enfant s'impatiente à devenir adolescent. Les deux sont-ils préparés pour cette promotion ?

Veuillez en tant que parents à ne pas anticiper sur une tragédie comme si l'enfant doit nécessairement faillir parce qu'il vient d'atteindre l'âge de crise.

De préférence, dites-lui : Hello mon enfant, bienvenue à l'âge de l'adolescence ! Nous tous nous avons passé par là. C'est une période merveilleuse. Tu auras à faire beaucoup de grandes expériences au cours desquelles Dieu va vous bénir.

Priez pour votre enfant. Remerciez Dieu pour l'avoir gardé en vie jusqu'à cet âge et pour les belles expériences qu'il fera à l'avenir.

Entre temps, soyez vigilants sur les changements physique, social, émotionnel et psychologique durant cette période d'adolescence. Occupez-vous en au fur et à mesure qu'ils apparaissent et ne pas dresser une longue liste de problèmes à attendre. Votre attitude va certainement faire la différence.

Vous devez éviter de les critiquer sur leur chevelure, leur musique, leurs amis, leurs gros éclats de rire entre amis. Essayez de ne pas en faire une grosse affaire.

Soyez son ami ; ainsi, il vous obéira sans délai et suivra la voie de l'Evangile que vous lui avez tracée à la maison. D'accord ?

Prière : Seigneur, aide de nous à traverser cette vallée. Au nom de Jésus. Amen

Message 37 – La manière d'habiller votre enfant

Lecture : Ep.6 : 1-4

Certaines gens prennent plaisir à habiller leurs enfants comme une poupée. Qu'ils sachent que l'enfant doit apprendre à se vêtir en respectant ses parties intimes. La tenue de maison doit être bien différente de la tenue de sortie. Il n'a rien à exposer ni à mettre en vente. L'habit ne fait pas le moine, mais il le distingue. L'enfant n'a pas besoin d'habits extravagants, mais plutôt d'une tenue propre et ajustée à sa mesure sans aucune exagération.

Vous devez par-dessus tout surveiller leur sortie. Si l'enfant sort avec un habit et retourne en portant un autre, vous devez en savoir pourquoi.

Vous devez consulter leurs habits, leurs sous-vêtements pour éviter des surprises. Si l'enfant fume, vous devez savoir. Si la fillette perd ses règles vous devez aussi savoir, spécialement si nous habitons la même maison.

Prière :
Seigneur, donnez beaucoup de maitrise et de savoir-faire. Au nom de Jésus. Amen

Message 38 – Développez sa personnalité.

Lecture : Ep.6 :1-4

Certains enfants sont élevés par des mamans douillettes, qui surprotègent leurs enfants. L'enfant obtient tout ce qu'il demande et si un jour vous ne déférez pas à sa requête, il s'énerve, fait une scène et roule parterre. Devenu grand, il se comporte de la même façon quand le gouvernement ne satisfait pas ses revendications. Ainsi on a des médecins bébé, des ingénieurs bébé, des techniciens bébé, des gens de rue bébé, tous disposés à faires des manifestations de rue en saccageant tout sur leur passage.

Un enfant de ce genre croira que tout le monde lui doit et qu'il ne doit rien à personne.
A un certain âge, l'enfant doit se contenter quand le lait est épuisé, que c'est l'heure d'aller au lit, qu'il ne doit pas faire une scène pour rien.

A un certain âge, il doit savoir combien vous gagnez pour ne pas vous faire des exigences. Ensemble on s'adressera au Dieu-Providence pour obtenir le pain quotidien.

Prière :
Père, toi le père de tous les pères, interviens au moment où l'indigence de nos moyens nous empêche de satisfaire les besoins de famille. Nous t'en supplions au nom de Jésus. Amen

Deuxième Série

Le Baptême Evangélique

Avant-propos

Voilà une ordonnance du Seigneur que l'Eglise a cru bon de prendre à cœur. Elle a raison puisqu'elle engage directement la responsabilité de Dieu pour se présenter et mettre le sceau du Saint-Esprit sur chaque candidat.

Dieu s'invite lui-même pour cette cérémonie puisque sans la participation du ciel, le baptême est réduit à un bain ordinaire.

C'est avec joie que nous vous dédions ce manuel comme notre humble participation à ce rendez-vous si solennel.

Message 1 – Avez-vous reçu le Saint Esprit quand vous avez cru ?

Lecture : Ac. 19 : 1-7

Le baptême est un vocable néotestamentaire : Le terme nous est apparu pour la première fois dans la bouche de Jean Baptiste, son initiateur. Il attire tout le monde à lui dans le désert de Judée et il nous amène aujourd'hui à définir le baptême dans ses diverses acceptions.

I. Définitions : du grec baptizein : baptiser, plonger, immerger. C'est commun chez un grec d'aller se baigner et il vous dit : « je vais me baptiser » mis pour « je vais me baigner. »

1. **Le baptême de Jean :**
    C'est un baptême de repentance, un acte d'initiation qui introduit l'ère messianique.

2. **Le baptême de Jésus-Christ :** C'est le baptême évangélique au nom du Père, du Fils, et du St Esprit. Il annonce la dispensation de l'Eglise de Jésus-Christ. Math. 28 :20.

3. Remarques :
    Il se différencie du baptême de régénération et du baptême de feu,
    a. Le baptême de régénération c'est la nouvelle naissance, l'introduction à une vie spirituelle.
    b. Le baptême de feu est le sceau du St Esprit sur le croyant pour confirmer son appartenance spirituelle.

4. Le baptême ne sauve pas. Sa raison d'être :
    a. S'identifier à Christ dans sa mort et dans sa résurrection.

b. Introduire le croyant dans l'Eglise invisible. Jésus est la tête dont il est membre.
c. Montrer sa séparation d'avec le monde et sa résurrection avec Christ pour mener une vie nouvelle.
d. Montrer qu'on veut lui obéir et le servir.

Appel :
Quel baptême allez-vous prendre aujourd'hui ? Il dépend de vous de le définir par l'intention qui vous anime.

Si vous voulez vous offrir en spectacle, vous êtes servi. Si vous voulez prendre un bain sans savon, vous êtes servi. Si vous voulez enlever vos bijoux maintenant pour les remettre après le baptême, vous êtes servi. Vous serez un bon protestant sans puissance pour effectuer le travail du maitre. Il ne vous connaitra que comme Judas pour le trahir.
Certains veulent vivre comme de bons protestants sans jamais vouloir s'identifier à Christ. Leur fin sera la perdition. Ph.3 :19-20.

Cependant, si vous voulez mourir avec Christ, mourir à vous-mêmes, à vos désirs, à vos préférences pour ressusciter avec Christ, si vous voulez après votre baptême avoir la puissance pour chasser les démons, pour guérir les malades pour faire des miracles au nom de Jésus, c'est une autre affaire. Dieu va vous le révéler dans la prière et dans le jeûne. Vous aurez à souffrir pour lui et à régner avec lui. Si vous êtes certains d'avoir fait votre choix, criez « Jusqu'à la mort, nous te serons fidèles ».

Message 2 – Le baptême de Naaman.

Lecture : 2R.5 : 8-14

L'histoire de ce général Syrien illustre profondément la raison d'être du baptême.
Naaman, un grand stratège militaire dans l'armée syrienne était lépreux.

Il obtint de son roi une lettre de recommandation adressée au roi d'Israël pour lui octroyer la guérison. Le roi d'Israël explosa de colère, sachant qu'il n'a aucun pouvoir pour guérir personne. Les deux nations allaient se brouiller dans cette affaire, n'était-ce l'intervention du prophète Elisée qui lui fit dire : « Inutile de déchirer vos vêtements. Laisse-le venir à moi et il saura qu'il y a un prophète en Israël ».
Au lieu de l'accueillir dans une cérémonie officielle, le prophète lui prescrivit d'aller se plonger sept fois dans les eaux du Jourdain pour être guéri de sa lèpre.
Au moment où il adhéra à ce message, Naaman était complètement guéri.
Quel est le message pour nous aujourd'hui ?
1. Les eaux sales du Jourdain représentent le monde de perdition. Naaman doit le constater.
2. La lèpre est le symbole du péché. Le roi d'Israël n'a aucune autorité pour le guérir. Elisée est l'homme de Dieu investi de l'autorité pour délivrer une âme de la mort. Jn.20 :23
3. Au départ, Naaman refusa de plonger sept fois dans les eaux sales du Jourdain et semblerait proposer les eaux pures de l'Abana et du Parpar dans son pays. 2Rois 5 :12

Il devait savoir que notre propre justice ne peut nous sauver. En effet, sa guérison ne vient pas des eaux du Jourdain qui n'ont en elles aucune vertu thérapeutique, mais de son obéissance à la prescription de l'homme de Dieu.

Le baptême de Naaman n'a pas été un baptême évangélique, mais une image du salut du pécheur plongé par la foi dans le sang de Jésus pour être purifié de tout péché. 1jn.1 :7
Le chiffre 7 dans ce domaine symbolise la perfection, donc la complète délivrance du péché qui allait nous conduire à la mort.

Aujourd'hui vous êtes venu pour recevoir le baptême évangélique. On ne va pas vous plonger sept fois dans le bassin. Vous acceptez de vous baptiser pour vous identifier à Christ dans sa mort et dans sa résurrection. Par cet acte, vous dites : Adieu au monde et à ses convoitises. Vive la croix du Calvaire où ma condamnation était payée. Vive le sang de Jésus-Christ qui m'a lavé de mon péché. Je m'engage donc à le suivre et à le servir toujours.

Message 3 – Les implications du baptême

Lecture : Gal. 2 : 20
Cher bien-aimé, vous êtes venu accomplir un acte public comme un témoignage de votre foi dans le mystère de la Rédemption. Je veux dire que vous acceptez que le prix de votre salut a été payé par la mort de Jésus-Christ à votre place et que vous acceptez aussi le message de sa résurrection pour mener avec lui une vie nouvelle. Vous acceptez que par ce moyen, vous êtes libéré des chaines de l'enfer et que Satan ne peut exercer aucun pouvoir sur vous.

Ce baptême n'est pas une condition pour devenir membre de l'Eglise visible. Il est plutôt un privilège pour devenir membre de l'Eglise universelle où sont tous les croyants du monde entier quelle que soit leur nationalité.

Quant à devenir membre d'une Eglise locale, vous choisissez de l'être par un mode d'affiliation.

A partir de ce moment, vous avez des responsabilités à endosser dans l'Église visible. Vous recevrez une carte de membre qui constate vos droits et vos devoirs.

Vous devez assister à toutes ses réunions et la supporter par vos moyens et possessions matérielles.

Ces décisions sont toujours fortes dans les premiers jours qui suivent votre baptême ; mais pour certains elles perdent le sens au fil du temps.

Sachez que dans le domaine de la fidélité, Jésus est votre modèle. Puisque sa décision de vous sauver n'était pas par un acte émotif, à votre tour, ayez une ferme conviction pour le suivre.

Alors le don du Saint Esprit que vous allez recevoir vous guidera et vous dictera les œuvres que Dieu a préparées d'avance afin que vous les pratiquiez.
Ac.2 :28 ; Ep.2 :9-10

Evitez de copier, de singer les façons des gens d'adorer de prier, de servir, de contribuer, de participer à la Sainte Cène ou de prêcher.

Prenez Jésus pour modèle et le Saint Esprit pour guide, pour vous conduire dans toute la vérité. Vous serez alors non pas un simple membre de l'Eglise, mais un membre du corps de Jésus-Christ avec son témoignage inscrit dans votre vie et dans vos œuvres. Qu'il en soit ainsi pour vous dès aujourd'hui !

Message 4 – Vous serez mes martyrs.

Lecture : Ac.1:8

Vous êtes venus au baptême à un moment où
l' enlèvement de l'Eglise est imminent.

Le message d'aller par tout le monde semble
inapproprié à vous. Mais ce qu'il vous faut retenir, c'est
que la grande commission demeure. Elle demeure
grande, non seulement dans son étendue mais dans sa
portée.

En vous disant « Vous serez mes **témoins**, il vous dit
que dès le départ, vous devez mourir à vous-mêmes
pour que la mort ne vous effraie pas. Vous êtes
condamnés à devenir des martyrs pour sa cause.

Martyrs par les coups, martyrs par les injures, martyrs
par les privations, martyrs par les tortures en paroles et
en actes, martyrs par l'action des faux frères.

Au moment où je vous parle, nous questionnons votre
décision tel que si vous ne vous sentez pas prêts pour
ce défi, vous avez encore un délai pour réfléchir ; car
c'est un piège pour l'homme que de prendre un
engagement sacré et de ne réfléchir qu'après avoir fait
un vœu. Pr. 20 :25

Vous avez une résistance à opposer à tous ceux-là qui
veulent s'offrir à vous comme modèle.
1. Puisque Jésus vous promet d'être avec vous
    tous les jours, prenez-le de préférence pour
    modèle.

2. Par le fait qu'il sera avec vous et tous les jours, il dépendra de lui de veiller à vos besoins, à votre diète, à votre compagnie.

3. Il est aussi jaloux. Il ne souffrira pas que vous passiez tout votre temps avec un ami au mépris de la bonne relation avec lui.

4. Appelé à faire route avec lui, qu'il prenne les devants et que vous le suiviez. Qu'il parle le premier et que vous soyez attentif à sa parole. Qu'il mange avec vous et dorme avec vous.

5. Ainsi, vous pourrez témoigner pour lui et lui aussi pourra témoigner pour vous. Si nous recevons le témoignage des hommes, le témoignage de Dieu est plus grand. 1Jn.5 :9
Que Dieu rende témoignage pour vous de la même facon que vous rendez témoignage pour lui.

Message 5 – Le baptême de l'eunuque Ethiopien

Lecture : Ac.8 :5-14 ; 26-30

Voici de l'eau qu'est ce qui empêche que je ne sois baptisé ? Ac.8 :36

C'était la question de l'eunuque Ethiopien au diacre Philippe que le St Esprit avait envoyer en vue de le rejoindre sur la route déserte de Gaza.

Ce Philippe qu'il ne faut pas confondre avec l'apôtre Philippe, animait un service de réveil dans la grande ville de Jérusalem. Des conversions se multipliaient et des miracles en grand nombre étaient opérés. Mais le Saint Esprit l'a détaché pour rencontrer ce ministre qui tenait à se dérober aux regards des curieux et des voleurs.

Tandis que son char roulait à vive allure, Il lisait à haute voix une portion des Ecritures. Vous n'avez pas besoin d'étudier la psychologie pour découvrir que par son attitude, il avait peur.
C'est à ce moment que le Saint Esprit a chronométré la vitesse de son char pour correspondre à la marche de Philippe pour l'atteindre.

Au moment où il lisait un passage sur le livre d'Esaïe, Philippe n'a pas passé par quatre chemins pour lui dire à brule-pourpoint :
« Comprends-tu ce que tu lis ?
A partir de cette question, il engagea Philippe à faire route avec lui pour lui expliquer cette portion de l'Ecriture.

Le message de Philippe se centrait sur la mort et la résurrection de Jésus-Christ et le besoin pour l'eunuque de confirmer sa foi dans les eaux du baptême.

« Voici de l'eau, dit-il, qu'est-ce-qui empêche que je sois baptisé ? »
Si tu crois de tout ton cœur, cela est possible.
A sa confirmation, Philippe descendit avec lui dans l'eau et le baptisa.

Vous voici chers candidats devant l'eau ; qu'est-ce-qui empêche que vous soyez baptisés ?
1. Il faut accepter que votre salut dépende non pas des questions répondues dans le petit catéchisme, mais de votre foi dans le mystère de la rédemption, savoir : Christ est mort à votre place pour payer la dette de vos péchés, pour vous arracher des griffes de Satan et vous réconcilier à « notre Père qui est aux cieux ».
2. Il faut accepter que les bonnes œuvres ne peuvent vous sauver, que Christ a tout fait pour vous sauver et que vous vous décidiez à le confesser publiquement comme votre Seigneur et Sauveur.
3. Il faut un enseignement doctrinal. Jésus nous avait envoyé faire école pour lui. Seuls les gradués de cette école ont droit au baptême. Voilà pourquoi nous ne baptisons pas les enfants car ils ne peuvent ni croire ni suivre une classe d'instruction.
4. Il vous faut témoigner publiquement de votre foi en Jésus-Christ.

Si vous acceptez ces conditions imposées par Jésus-Christ, je peux vous baptiser. Etes-vous prêts ?

Message 6 – Pourquoi un enseignement préliminaire au baptême.

Lecture : Mt .28 :19-20

1. C'est un ordre du Seigneur. Il avait dit aux apôtres : Allez faites de toutes les nations des disciples. Conséquemment, il faut une école, une classe préparatoire au baptême.
2. En dehors de Jérusalem, le pays des juifs, les autres nations du monde sont des païens, c'est-à-dire le monde sans Dieu.
   a. Ils servaient leurs dieux fabriqués. Michée 4 :5
   b. Dieu les avait prévus dans son plan de rédemption. Esaïe l'avait prédit en disant que toutes les iles espèreront en la Loi de Christ qui n'est pas la Loi de Moise. Es.42 :4
   c. C'est pourquoi Jésus avait lancé un appel général pour les inviter tous à venir à lui. Mt. 11 :28
3. Quant aux juifs, ils attendaient le Messie. Ceux qui refusaient de reconnaitre Jésus-Christ comme tel, ont comploté sa mort. Mais les autres que nous appellerons des juifs messianiques, ils l'ont accepté. 3000 ont reçu Christ en un seul jour et le nombre allait en s'augmentant. Il ne fait aucun doute qu'ils étaient baptisés au nom de Jésus-Christ comme c'était la condition sine qua non pour confirmer sa foi. Ac.2 :38
4. La preuve de son importance se vérifie dans la possession du croyant par le Saint-Esprit. Ac.19 :3-36

Chers candidats, vous êtes tous passés par ce stade.
Que le Saint-Esprit continue en vous son œuvre pour
l'épanouissement de l'Evangile.
Et vous n'allez certes pas en rester là. Vous allez
devenir des étudiants de la bible pour mieux la priser,
la comprendre et la partager.

Si mon peuple est détruit dit l'Eternel, faute de
connaissance, il faut aussi admettre qu'il est détruit,
faute de moniteurs compétents et consacrés pour la
partager.

Soyez les gens du livre, du Saint Livre. Soyez-en les
dignes responsables pour la communiquer.

Message 7 – Pourquoi un témoignage public de sa foi ?

Lecture : Ro. 1 : 14-17

Israël blâmait l'Eternel en disant : « Tu es un Dieu qui se cache » Es.45 :15

Que tous sachent que Dieu ne se cache pas et ne cache rien non plus. Si oui, il nous donne à tous la chance de découvrir ce qui est caché. Car les choses cachées sont à Dieu mais les choses révélées sont à nous ses enfants. Mt. 11 :25

De la même manière, il veut que nos actes honnêtes et sincères soient manifestés en public. C'est pourquoi « témoigner pour Christ, confesser publiquement son nom est obligatoire pour les raisons que nous allons citer :

1. Jésus a pris la honte, l'humiliation, la mort pour nous. Accepter de témoigner pour lui devant le monde, c'est une manière de justifier notre conviction chrétienne de le suivre dans les bons comme dans les mauvais jours.
2. Sa mort était publique et en plein jour. Ses amis comme ses ennemis le savaient. Vous ne devez avoir aucune honte pour affronter leurs critiques et leur opposition.
3. Les auteurs des mauvais actes veulent les garder cachés. Quant à nous, nous posons un acte de foi et d'appartenance à la cause de l'Evangile. Il nous faut braver le monde pour déclarer notre foi dans l'homme de Galilée.

Que tous ici disent avec moi : « Je n'ai point honte de l'Evangile car c'est la puissance de Dieu pour le salut de quiconque croit. »

Chers candidats au baptême, que le Dieu Tout-Puissant soit le doyen de votre graduation dans le chemin de la souffrance, du service et du sacrifice. Amen

Message 8 – Pourquoi interdisons-nous le baptême des enfants ?

Lecture : Lu. 2 :21-24

Il ne faut pas confondre la présentation des enfants au temple avec le service de baptême.

La présentation des enfants au temple est un service d'adoration où l'on offre à Dieu le produit de ses entrailles afin que Dieu y mette son sceau. Elle était ordonnée aux juifs dans l'ancienne alliance. No.6 :22-27

Dans le Nouveau Testament, quand on présentait les enfants à Jésus, il les prit dans ses bras, les bénit en leur imposant les mains. Ces mêmes enfants présentés seront un jour baptisés du baptême évangélique quand ils croiront dans l'œuvre de rédemption du Seigneur pour leur salut.

C'est une prescription du Seigneur qui doit être exécutée par tous juifs ou païens convertis.

Il implique l'engagement d'une bonne conscience envers Dieu. 1Pi.3 :21

L'enfant n'a pas encore une bonne ni une mauvaise conscience. Il ne peut décider de rien par lui-même. Il ne peut ni croire ni douter.

Que notre religion ne soit pas un fardeau pour ces faibles êtres. Attendez que le Saint Esprit travaille dans leur cœur.

Pour vous aujourd'hui, chers candidats. Vous allez prendre vous-mêmes l'engagement inconditionnel de suivre Jésus. Que le Dieu bon et fidèle vous soutienne dans votre promesse.

Message 9 – Il faut accomplir ce qui est juste

Lecture : Mc. 1 :1-8

Jean Baptiste, le présentateur de Jésus-Christ prêchait son message dans le Désert de Judée et s'identifiait en sa qualité de messager pour préparer le chemin du Seigneur.

Tandis qu'il administrait le baptême de repentance à tous ceux qui viennent à lui, arrive Jésus, un nouveau candidat pour être baptisé. Jean s'y refuse sous prétexte que c'est à Jésus de le baptiser, au contraire. Mais Jésus lui dit : « Laisse faire maintenant, car il est convenable que nous accomplissions ainsi ce qui est juste. Voyons la perception de Jésus-Christ.

Il veut donner un exemple en passant par tous les stades de notre vie chrétienne sans exception.

Moise parlait de Jésus en indiquant qu'il sera un prophète « comme moi : » Le prophète doit souffrir en lui-même ce que le peuple va subir.

Il veut développer le concept du baptême évangélique comme le symbole de sa mort et de sa résurrection.

Il le fait aussi pour condamner les pharisiens et les sadducéens dans leur orgueil. Si moi le Fils, j'obéis à la volonté souveraine de Dieu, vous devez tous m'imiter. Autrement, tous les plans de Dieu pour vous seront annulés. Lu. 7 :30

Finalement pour son investiture solennelle. Le Saint Esprit va descendre sur lui publiquement sous la forme d'une colombe et le Père prendra « son micro » depuis les cieux pour dire à tous : « Celui-ci est mon Fils bien-aimé en qui j'ai mis toute mon affection. Mt. 3 :17

A votre baptême cher candidats, priez pour que le ciel donne son approbation.

Message 10 – Les implications du baptême (suite)

Si vous examinez de près, vous entendrez le pasteur dire au candidat :
Fr Untel ou Sr Unetelle, voulez-vous accepter Jésus comme votre Sauveur personnel ?
Untel : Oui, pasteur
Voulez-vous vous engager à le suivre jusqu'à la fin ?
Untel : Oui, pasteur
Acceptez-vous d'être un témoin pour proclamer son message ?
Untel : Oui, pasteur.
Et le pasteur dira : Sur la confession de ta foi, je te baptise, au nom du Père, du Fils et du Saint-Esprit.

Momentanément, les cinq facultés du candidat sont complètement ensevelies dans l'eau.
Puisque ses cinq sens sont immergés, il signifie
Que ses yeux sont ensevelis et verront désormais à la manière de Christ,
Ses oreilles sont ensevelies et entendront à la manière de Christ.
Ses lèvres sont ensevelies et ne s'ouvriront que pour dire les paroles de Christ.
Ses muscles, ses membres, son sexe, le tout est enseveli et ne devra fonctionner que dans les principes établis par Jésus-Christ.

Il pourra dire avec Paul : « Et maintenant, si je vis ce n'est plus moi qui vis mais c'est Christ qui vit en moi ». Vous possédez Christ comme votre Seigneur et Sauveur, mais Christ vous possède comme ayant le droit de produire en vous le vouloir et le faire selon son bon plaisir. Acceptez-vous ce compromis ?

Sachez que votre baptême n'obéit pas au vieux concept de parrain et marraine, une vieille tendance catholicisante dans l'Eglise protestante. Sachez que les apôtres n'avaient pas organisé une réception après leur baptême. Ils considèrent le baptême comme la quatrième étape après la conversion que je définis ainsi :

1. Première étape. Jésus dit « venez à moi vous tous qui êtes fatigués et chargés... » C'est l'étape de la repentance.
2. Deuxième étape : « Prenez mon joug sur vous », c'est-à-dire vous portez votre croix.
3. Troisième étape « Recevez mes instructions. C'est la classe des candidats au baptême » ….
4. Quatrième étape : c'est le baptême proprement dit.
5. Cinquième étape : « Allez et prêchez » Mt. 28 : 19

Voilà, chers candidats les implications du baptême évangélique. Soyez en conscients et que Dieu fasse de vous des défenseurs de l'Evangile pour le salut des âmes, pour le bien-être de l'Eglise et pour votre épanouissement spirituel.

Message 11 – Le baptême un sacrement ou une ordonnance de l'Eglise ?

Lecture : Ro. 6 :1-10

J'avais appris dans mon ancienne religion que le baptême est un sacrement qui efface le péché originel et fait de nous enfants de Dieu et de l'Eglise.

La Parole de Dieu réfute une telle déclaration.
Premièrement : Le baptême est le symbole de la mort du croyant au monde et de sa résurrection avec Christ pour mener une vie nouvelle. En sorte que le baptême est une forme d'identification à Christ pour lui ressembler.

On devient enfant de Dieu en acceptant Christ comme sauveur. A ceux qui le reçoivent, à ceux qui croient en son nom, il a donné le pouvoir de devenir enfant de Dieu. Jn.1 : 12

Cette naissance ne vient pas du rapport entre mon père et ma mère, mais de la volonté de Dieu. Jn.1 : 12-13
Pour le baptême chrétien, il faut connaitre une nouvelle naissance, il faut être né de nouveau. On est alors né de l'Esprit. Jn. 4 : 5-7

Nous devons mourir à nous-mêmes comme Christ.
Nous devons renoncer à nos préférences comme Christ à renoncer à sa gloire pour venir ici-bas et s'offrir en sacrifice pour nous sauver. Ph.2 : 4-7

Comme Christ a souffert dans la chair, nous devons nous armer de cette même pensée. 1Pi.4 :1

Deuxièmement : le baptême n'efface pas le péché originel. Le péché du monde, c'est-à-dire notre nature pécheresse héritée d'Adam, nous a tous voués à la condamnation. La bible ne dit pas le **salaire des péchés** c'est la mort, mais le **salaire du péché,** c'est la mort. Elle fait référence à ma condition de fils d'Adam condamné par un mal universel. Pour ce mal universel, il a fallu un remède universel. Ce remède universel est Jésus, l'agneau de Dieu qui ôte **le péché du monde.** Jn. 1 :29

Jésus a effacé l'acte dont les ordonnances nous condamnaient et qui subsistait contre nous. Il l'a éliminé en le clouant à la croix. Col.2 : 14

Quant à mes péchés personnels, ils sont lavés dans le sang de Jésus-Christ qui me purifie de tout péché. 1Jn.1 :7

Jésus confère à l'Eglise universelle le pouvoir de lier et de délier, c'est-à-dire le pouvoir de pardonner les péchés. Ce pouvoir est exercé par la prédication de l'Evangile aux païens pour les libérer du péché et de la condamnation éternelle. C'est la grande commission donnée non pas à l'Eglise Catholique ni à l'Eglise Protestante, ni à aucune religion ou à un chef religieux, mais à tous ceux qui font vocation d'aller annoncer le message de l'Evangile pour délivrer les âmes du péché.

Chers candidats au baptême, l'Eglise locale ne pardonne pas les péchés. Christ vous a déjà pardonnés à la croix du calvaire. Venez avec un cœur reconnaissant aux eaux du baptême confesser votre foi en Jésus-Christ.

Message 12 – Le baptême est-il facultatif ?

Lecture : Lu.5 :30

Je dirai non et voici pourquoi :
1. C'est une ordonnance du Seigneur. Elle a pour but de donner une preuve de la compréhension et de l'adhésion à sa doctrine. Jean a prôné le baptême de repentance. **C'est un baptême d'initiation.** Le consentement à ce baptême confirme la foi du candidat dans le Messie annoncé par Jean, l'agneau de Dieu qui devait venir pour ôter **le** péché du monde. Jn. 1 :29, 35
2. Jésus l'a accepté pour nous en donner un exemple.
3. Refuser d'y obéir constitue une insulte à la souveraineté de Dieu et aussi un acte de rébellion qui vous met en dehors de son plan. Lu.7 :30
4. Votre baptême sera effectué au nom du Père, du Fils et du Saint Esprit comme Jésus nous le recommande. C'est le baptême évangélique à l'issue duquel vous recevrez le don du Saint-Esprit ou baptême de feu pour établir votre relation spirituelle avec notre Père. Cependant, si vous voulez être rempli du Saint Esprit, il vous faudra vous consacrer totalement au Seigneur d'après Ephésiens 5 : 16-20.
5. Le Seigneur est disposé à vous conférer le pouvoir de chasser les démons, de guérir les malades, de parler de nouvelles langues et de faire des miracles et des prodiges en son nom. Mc. 16 :17-18
6. Nous le répétons : le baptême est obligatoire. Les trois personnes divines sont présentes à ce service. Gardez-vous de manquer à ce rendez-vous

Message 13 – Le baptême est-il une tradition de l'Eglise ?

Toutes les grandes religions observent un rituel regardant l'initiation d'un membre avant d'avoir droit à participer à leurs cérémonies solennelles.

Le vodou, la franc-maçonnerie ont leurs rites d'initiation. Le Christianisme en a le sien et il est ordonné par Jésus-Christ, son fondateur.

L'Eglise l'observe suivant les principes qu'il a établis.
Il a commencé par Jérusalem, le berceau de son origine. Le candidat est immergé, **plongé dans l'eau**. *Baptizo en udati*. **Je te baptise dans l'eau.**

En guise d'exemples :
Dès que Jésus eut été baptisé, **il sortit de l'eau** (*ex udati*)
Philippe **descendit dans l'eau** avec l'eunuque Ethiopien pour le baptiser Ac. 8 : 38

Le baptême est possible dans deux conditions
1.   Il faut de l'eau. Ac.8 : 36
2.   Il faut la foi du candidat dans le Seigneur Jésus.
Le Christianisme n'adopte aucune tradition. Il se résume à trois mystères : le mystère de la Sainte Trinité, le mystère de l'Incarnation et le mystère de la Rédemption. Voilà les trois domaines où opère le Saint Esprit et dans lesquels le croyant accroche sa foi.

Chers candidats, soyez branchés à ces trois mystères et rejetez toutes les traditions quelles que soient leur origine.

Message 14 – La Mer Rouge et le baptême

Lecture 1Co.10 : 1-10

Par raison de similitude nous comparons la traversée de la Mer Rouge au baptême évangélique.

Israël était réduit en esclavage pendant 400 ans dans le pays d'Egypte. Dieu leur a suscité en Moise un libérateur. Ge.15 :13
Il a frappé l'Egypte par dix plaies pour forcer la main à pharaon. Cependant, le coup de grâce lui était donné non par une plaie, ni même par la mort des premiers-nés mais par le sacrifice de l'agneau pascal. Ex. 12 : 12-13

Tous ceux-là qui ont mangé de l'agneau pascal étaient prêts à quitter l'Egypte pour traverser la Mer Rouge et se diriger ensuite vers Canaan, la Terre promise.

La Traversée de la Mer Rouge constituait leur baptême en Moise. 1Co.10 :2

Et dès lors devait commencer pour eux une vie d'abondance en Jésus-Christ. 1Co.10 : 4
De même, nous les païens dans la chair, nous avons été esclaves du péché. Pharaon est l'incarnation de Satan qui refusait de nous lâcher. Toutes les épreuves n'avaient pu nous libérer. Nous sommes aujourd'hui délivrés par le sang de l'agneau. Dès lors, nous pouvons traverser la Mer Rouge pour déboucher sur le pays de Promesse, dans le Canaan céleste.

D'où l'expression « Celui qui croira et qui sera baptisé sera sauvé. Celui qui ne croira pas sera condamné » Mc. 16 : 16

Si vous refusez de manger l'agneau pascal, si vous ne croyez pas dans l'agneau pascal, vous n'êtes pas qualifié pour traverser la Mer Rouge.

Si vous ne croyez pas dans le sacrifice de Jésus-Christ pour votre salut, vos œuvres ne pourront pas le faire. Vous ne pourrez être baptisé et vous n'aurez non plus accès au Canaan céleste.

Chers candidats, je vous dirais que plusieurs ont accepté le message que je vous donne. Ils ont été sous la nuée de la protection de Dieu. Ils ont passé la Mer rouge à pied sec. Ils ont été baptisés en Moise dans la nuée et dans la mer. Ils ont mangé le même aliment spirituel, ils ont bu le même breuvage spirituel ; ils buvaient à un rocher spirituel et ce rocher était Christ. Mais après leur baptême dans la Mer Rouge, ils ne furent pas agréables au Seigneur, puisqu'ils périrent dans le Désert. 1Co.10 : 1-6

Or ces choses sont arrivées pour nous servir d'exemples afin que nous n'ayons pas de mauvais désirs comme ils en ont eu.

Sachez qu'ils ont expérimenté l'épreuve du Désert avant d'entrer dans la Terre Promise. Vous en aurez aussi, j'en suis sûr. Mais gardez la foi et que la nuée de la grâce de Dieu soit sur vous tout au long de votre pèlerinage terrestre.

Message 15 – Le mysticisme du baptême

Lecture : 1Co.10 :1-10

Le baptême n'a aucune signification pour ceux qui n'ont pas la foi dans l'œuvre salvatrice de Jésus-Christ.

Qu'ils se rappellent que pour la création de l'homme, les trois personnes de la Sainte Trinité étaient impliquées.

L'expression « Faisons l'homme à notre image et à notre ressemblance » nous convainc que Dieu le Père nous a conçu, Dieu le Fils demeure avec nous et Dieu le Saint-Esprit nous donne l'intelligence des choses. Lorsque l'homme veut chercher son indépendance de Dieu, il s'est détaché de Dieu, de son environnement spirituel. Dès lors il va agir sans Dieu. Il est mort.

Dieu est obligé de travailler à retrouver l'homme. La question posée dans Ge 3 : 9 Adam où es-tu ? est répondue dans Lu.19 :10 Car le Fils de l'homme est venu chercher et sauver ce qui était perdu.

Ce qui était perdu, c'est la connexion entre Dieu et Adam, son fils. Dieu veut retrouver son image qu'il avait mise en l'homme. Il ne peut envoyer moins que lui-même pour sauver l'homme. Ainsi il se dépouille de sa gloire pour revêtir notre humanité et venir réparer lui-même les dégâts commis par le péché.

Jésus est le Messie, le sauveur du monde. Il a déclaré « Si vous ne croyez ce que je suis, vous mourrez dans vos péchés ».

Jésus a pris un corps dans la race juive, par conséquent descendant d'Abraham. C'est pourquoi il vous dit que le salut vient des juifs. Jn.4 :22

Cependant tous ceux qui croient sont les fils d'Abraham par la foi. Gal. 3 :16

Le salut vient des juifs et non des païens. Le juif connait Dieu. Il connait le Dieu d'Abraham, d'Isaac et de Jacob. Il n'avait qu'à accepter Jésus comme le Messie pour être sauvé. Jn.8 :24

Le païen au contraire, doit être instruit sur le Messie et sur son œuvre de rédemption et l'accepter comme Seigneur et Sauveur à l'exclusion de tous les faux dieux. Il doit renoncer à ses œuvres mortes pour obéir à la foi.

Voilà ce que vous, chers candidats, devez vous rappeler.
Vous avez juste un court délai pour vous en débarrasser. Il n'est pas trop tard pour révoquer dans votre vie les loas, les anges rebelles et tous les dieux du vodou. Sinon, vous serez membres d'une Eglise mais jamais membres du corps de Jésus-Christ. Vous n'aurez aucun pouvoir pour chasser les démons, pour guérir les malades et opérer des miracles dans le nom de Jésus. Vous serez au contraire, une pierre d'achoppement pour le travail de Dieu.

Faites votre choix aujourd'hui et maintenant. Ainsi l'Eglise va progresser avec vous et le ciel sera en pleine joie.

Message 16 – Un engagement d'une bonne conscience.

Lecture : 1Pi.3 :21

J'ai fait ma première communion, j'ai reçu le sacrement de confirmation par l'imposition des mains, l'onction du saint chrême et le soufflet de l'évêque, partant j'ai le Saint-Esprit comme vous ». Voilà l'opinion des bigots. Je n'en disconviens pas. Mais allons seulement à l'évidence.

I. La première hérésie est le baptême des enfants. Pourquoi?

1. Jésus nous envoie faire des disciples et les baptiser ensuite. En effet, que peut-on enseigner à un bébé dans ses langes pour en faire un disciple ? Mt.28: 19-20.

2. La bible dit: «Celui qui croira et qui sera baptisé, sera sauvé.» Un bébé peut-il croire ? Marc.16:16

3. Le baptême est un engagement d'une bonne conscience. Un bébé a-t-il déjà une conscience pour prendre un engagement ? Non, mille fois non. 1Pierre. 3:21

4. Jésus nous en donne l'exemple : Il fut présenté au temple huit jours après sa naissance. Il fut baptisé à l'âge de trente ans. Etes-vous plus chrétien que le Christ ? Luc.2 : 21-24; 3:21-23

5. A la confirmation on vous a fait répéter: «J'engage ma promesse au baptême; Mais pour moi d'autres firent serment. Dans ce jour, je vais parler moi-même. Je m'engage aujourd'hui librement ».

6. On vous fait accroire que le confirmé reçoit sept dons du Saint Esprit à la cérémonie, savoir: Le don d'intelligence, de crainte de Dieu, de piété, de science, de force, de conseil et de sagesse. Esa.11:1-2

Avez-vous ici le Saint-Esprit pour parader? Sinon, êtes-vous prêt à aller et chasser les démons, guérir les malades, détruire les humforts?

Allez à la Bible et renseignez-vous auprès des apôtres sur la manière de recevoir le Saint-Esprit. Actes.2 :38 Il faut : la repentance, la conversion, la foi, le pardon des péchés enfin le baptême avant de pouvoir recevoir le Saint Esprit. Ce n'est donc pas une marotte ni l'affaire des bébés, mais la puissance de Dieu pour la transformation des vies.

N'attendez pas de moi, votre pasteur, de vous donner un soufflet pour recevoir le Saint Esprit. C'est anti biblique, c'est une pure mascarade. Soyez conscients de l'acte de votre baptême. Le Saint Esprit viendra certainement sur vous pour les opérations auxquelles Dieu vous destine. Restez dans le jeûne et la prière et soyez obéissants et ouverts à l'appel du Saint-Esprit.

Message 17 – Les différents modes de baptêmes

Lecture : Mt. 3 : 17
Certaines sectes religieuses adoptent un mode de baptême que je n'ose critiquer. J'en parle simplement pour votre édification.

I. Le Baptême par aspersion.
L'officiant vous envoie sur le visage de l'eau qu'il appelle l'eau bénite et déclare ensuite qu'il vous baptise au nom du Père, du Fils et du Saint Esprit. C'est la méthode adoptée par le chef de l'Eglise romaine dans le but de christianiser les peuples barbares dans les pays conquis. On vous déclare chrétien dans l'immédiat.

II. Le baptême par affusion.
L'officiant verse de l'eau sur la tête du candidat en prononçant les formules de son rituel. C'est la coutume dans l'Eglise méthodiste, plus proche de l'Eglise Catholique romaine.

III. Le baptême par immersion
C'est celui adopté par les Eglises évangéliques. Elles s'appuient sur ces versets de l'Epitre de Paul aux Romains :
« Nous avons donc été **ensevelis avec lui par le baptême en sa mort,** afin que, comme Christ est ressuscité des morts par la gloire de Dieu, de même, nous aussi, nous marchons en nouveauté de vie. Ro.6 : 4-10

Dans le baptême par immersion, le croyant s'identifie à Christ et par la foi, il se dépouille du vieil homme. Il est revenu à vie et c'est pour Dieu qu'il vit. Ro. 6 : 10

Chers candidats au baptême, que la signification de l'acte que vous allez accomplir soit pleinement dégagée dans cette cérémonie. Que votre foi en Christ ne soit pas atrophiée par un conformisme paralysant mais qu'elle soit démonstrative, agressive pour accomplir des miracles et des prodiges au nom de Jésus.

Message 18 – La différence entre le baptême de Jean et celui de Jésus-Christ.

Lecture : Mt.3 :2-3

J'entends la voix de Jean le Baptiseur qui crie :
« Je suis la voix de celui qui crie dans le Désert. Aplanissez le chemin du Seigneur. Repentez-vous car le royaume des cieux est proche ». Mt. 3 : 2-3

A l'audition de ce message, les habitants de Jérusalem, de toute la Judée et de tous les pays des environs du Jourdain, se rendaient auprès de lui, et confessant leurs péchés, ils se faisaient baptiser par lui dans les eaux du Jourdain. Mt. 3 :5-6

Il leur annonce clairement son message :
« Moi, je vous baptise d'eau *pour vous amener à la repentance,* mais celui qui vient après moi est plus puissant que moi…Il vous baptisera du Saint Esprit et de feu. Mt. 3 : 22

Voilà comment Jean le Baptiseur introduisit le Messie auquel il refuse de se comparer.
Il se dépouille de tout pouvoir et de toute popularité en présentant Jésus comme l'agneau de Dieu qui ôte le péché du monde. Dès lors, ses disciples suivirent Jésus et lui-même a déclaré ouvertement « il faut qu'il croisse et que je diminue. » Jn.3 : 30

Cela dit, élaborons :
Le baptême de Jean était une classe préparatoire au
baptême du Saint Esprit. Jésus est le seul à posséder ce
pouvoir. Le jour de son baptême, **le Saint Esprit
descendit sur lui** sous la forme d'une colombe. Du
haut des cieux, le Père, fit cette déclaration : « Celui-ci
est mon Fils Bien-aimé en qui j'ai mis toute mon
affection ». Mt. 3 :17

Jésus n'était pas le seul à être baptisé ce jour-là.
Beaucoup de pharisiens et de sadducéens y venaient,
mais c'était pour Jésus seul que les cieux s'ouvrirent.
C'était sur Jésus seul que se posait la colombe, lui que
le Père désignait comme son Fils Bien-Aimé.
Mt. 3 : 16-17

A votre baptême aujourd'hui, on attend un évènement
extraordinaire où le Saint-Esprit va saisir certains
d'entre vous, non pas pour vous agiter jusqu'à perdre
connaissance, mais pour qu'il vous donne son don
pour prêcher, pour prier, pour donner, pour conseiller,
pour administrer, pour chanter, pour servir, pour aider
ou pour enseigner, que sais-je ? …Il sait en quoi il va
investir votre capacité. Soyez seulement dociles à sa
voix. Amen

Message 19 – Les trois personnes divines au baptême de Jésus-Christ

Lecture : No. 6 :25-27

Dieu le Père tient à la continuité dans la création.
Si le premier Adam a failli, Dieu va venir avec Jésus, le dernier Adam. Avec le premier Adam nous avions une génération perdue. Avec Jésus, nous aurons une génération retrouvée et restaurée. Les chrétiens sont les membres de cette nouvelle génération. Leur paradis ne sera plus sur cette terre souillée, car le monde entier est sous la puissance du malin. 1Jn.5 :19

Nous ne pouvons rien y posséder sans la signature de Jésus-Christ. Il nous laisse très peu d'espace et très peu de choses pour y vivre pour nous éviter toute distraction. Il nous attire vers les choses d'en-haut. C'est pourquoi il nous dit : « Suivez-moi...Je suis le chemin, nul ne vient au Père que par moi ». Il ne nous demande pas de tout savoir, mais seulement de croire en lui et de le suivre.

Il est le Père des esprits pour nous conduire, nous châtier au besoin, mais ne nous abandonnera jamais. Il lèvera toujours nos défis devant les puissances du malin. Il nous permettra de marcher sur le lion et sur l'aspic, de fouler le lionceau et le dragon. Ps. 91 :13
Que dire du Saint Esprit ?

A son départ, Jésus nous le laisse comme le consolateur, l'Esprit de vérité pour guider les croyants dans toute la vérité. Jn.16 :13

Jésus-Christ nous donne ce contact pour nous permettre de faire ce que le premier Adam n'avait pu faire, savoir :
Chasser les démons, guérir les malades, faire des miracles, dominer la planète. Mc.16 : 16-17
Jésus en nous fera tout selon son bon plaisir. Nous pouvons nous écrier ; « Je puis tout par Christ qui me fortifie. Ph.2 :13 ; 4 :13

Dieu met sur nous son sceau comme il l'avait fait jadis sur les enfants d'Israël. 2 Co. 1 :22 : Ep. 4 :30

Chers candidats au baptême, vous êtes des enfants de lumière. Jésus nous dit dans Mathieu 5 :14 : *Vous êtes la lumière du monde.* Par conséquent, vous êtes un exemple pour le monde. Il doit vous suivre parce que vous suivez Jésus.

Les démons, les esprits méchants dans les lieux célestes voient cette lumière. Ils ont peur de vous. Leur seul job c'est de chercher à vous séduire et vous détruire. Ils n'ont aucun pouvoir sur vous parce que votre vie est cachée avec Christ en Dieu. Col.3 :3

Glorifiez Dieu dans votre corps et dans votre esprit qui appartiennent à Dieu. Reconnaissez désormais que vous êtes des privilégiés : une race élue, un sacerdoce royal, une nation sainte, un peuple acquis pour annoncer les vertus de celui qui vous a appelés des ténèbres à son admirable lumière. 1Pi.2 :9

Chers candidats au baptême, de grâce, ne méprisez pas le don que Dieu a mis en vous. Agissez en soldats responsables. Prenez comme modèles non pas ceux-là qui n'ont d'autre objectif que de venir à l'Eglise, d'écouter le message et de retourner chez eux sans passion pour les âmes qui périssent. Vous êtes désormais des ambassadeurs de Christ. Soyez toujours en contact avec votre roi. Vivez en bons citoyens des cieux pour mériter son compliment et sa couronne.

Message 20 – Le baptême au nom de Jésus-Christ

Lecture : Mt. 28 : 19-20

Certains posent cette question : « Pourquoi certains évangélistes mettent l'accent sur le baptême au nom de Jésus-Christ et d'autres sur le baptême au nom du Père, du Fils et du Saint Esprit ?

Cette question est élucidée si l'on se rappelle que la Sainte Trinité est le mystère d'un seul Dieu en trois personnes.

Dans l'Ancien Testament, vous entendez parler de l'Eternel Dieu. Jésus s'y présentait comme l'Ange de l'Eternel. Quant au Saint Esprit, il logeait seulement dans les prophètes, les juges et les sacrificateurs qui reçurent l'onction en vertu de leur fonction.

Dans le Nouveau Testament, vous ne voyez plus le terme « Eternel Dieu » car le Père a remis toutes choses entre les mains de Christ, son Fils Bien-Aimé qu'il a établi héritier de toutes choses. Jn. 3 :35 ; He.1 : 2
Jésus déclare que moi et le Père nous sommes uns. Nn.10 :30

Je suis dans le Père et le Père est en moi. **Le Père qui demeure en moi**, c'est lui qui fait les œuvres. Jn.14 : 10

Tout pouvoir dit-il, m'a été donné dans le ciel et sur la terre. C'est lui qui nous délègue le même pouvoir pour détruire les œuvres du Diable. 1Jn. 3 :8b

Avant de monter au ciel, il disait aux apôtres de rester à Jérusalem dans l'attente du Saint Esprit, son successeur. De même que Jésus a pris du Père pour nous l'annoncer, le Saint Esprit prendra de Jésus-Christ pour nous l'annoncer. Jn.16 :13-15

Dans la Grande Commission, il dira aux apôtres de baptiser les gens au nom du Père, du Fils et du Saint Esprit. Mt. 28 : 19-20

Les apôtres indifféremment prononceront la formule soit en disant « Au nom de Jésus-Christ » ou bien au nom du Père, du Fils et du Saint Esprit.
Ac. 2 :38 ; 1Co.6 :11

Pour le bon plaisir de Dieu, les samaritains furent baptisés au nom du Seigneur Jésus. C'est seulement par l'imposition des mains de Pierre qu'ils reçurent le Saint Esprit. Ac. 8 : 14-17

Tandis que ce même Pierre prêchait la parole à Corneille, le centenier romain et à toute l'assistance, le Saint Esprit descendit sur eux, même avant leur baptême. Ac. 10 : 44-47
Et Pierre les baptisa « au nom du Seigneur » Ac. 10 :48

Chers candidats, vous allez être baptisés au nom de Jésus-Christ quelle que soit la formule employée. Ce qui importe c'est la réception du Saint-Esprit en vous pour continuer son œuvre. Soyez seulement certains que votre vie est la plateforme adéquate pour le recevoir.

Message 21 – Les fausses raisons pour se faire baptiser

Certaines gens prennent à la légère cette noble institution du Seigneur. Ils s'y engagent au risque de gâcher leur vie spirituelle. Nous allons vous en faire part maintenant.

I. Raison 1 Je veux me baptiser pour devenir membre de l'Eglise comme mon frère.
II. Raison 2 Je veux plaire à mes parents.
III. Raison 3 Je veux être au même plan que mon ami d'enfance.
IV. Raison 4 Je veux être plus prêt du pasteur et de ses membres.

Nous vous répondons :

Le salut est personnel. La mort est personnelle. La décision pour le baptême est aussi personnelle Le jugement de Dieu sera personnel. Pour tous ces cas Dieu s'adresse à l'homme au singulier.

1. Quiconque croit : Jn.3 :16
2. Celui qui croira sera baptisé. Mc. 16 :16
3. Chacun comparaitra devant le tribunal de Christ. 2Co.5 :10

V. Je veux recevoir le baptême parce que je veux aller étudier dans un Séminaire théologique pour devenir pasteur.
VI. Je veux coute que coute recevoir le baptême parce que je sens venir sur moi une mort prochaine.
VII. Je veux me baptiser pour ne plus servir les loas.
VIII. Je veux me baptiser pour être membre de la grande chorale.

Ces quatre dernières raisons ajoutées à celles précitées, ne sont pas raisonnables.

La décision de vous consacrer au saint ministère demande beaucoup de maturité et surtout l'appel de Dieu par le Saint Esprit. La vocation doit venir avant la profession. Le ministère n'est pas un job mais une croix lourde à trainer que le salaire mensuel ne pourra jamais satisfaire.
Pour vous qui sentez venir la mort, elle peut venir avant votre baptême. Le bon larron n'était pas baptisé ; pourtant Jésus lui disait « aujourd'hui même, tu seras avec moi dans le paradis » Lu.23 :43
Il vaudra mieux pour vous de confesser vos péchés, de pardonner à ceux qui vous avaient fait du tort avant de connaitre une mort paisible. Rien ne vous dit que vous allez vraiment mourir maintenant.
Et pour vous qui veut vous délier des loas, la première chose à faire c'est de vous convertir. Il faudra vous dépouiller de tous les fétiches et témoigner de votre divorce avec Satan pour vous marier à Jésus-Christ pour toujours.

Chanter dans une grande chorale n'est pas une fin en soi, mais un moyen pour louer Dieu.
Chers candidats, si l'un de vous tombe dans l'une de ces catégories, je vous aurais demandé de laisser les rangs et d'aller vous conformer aux vœux du Seigneur trouvé dans Ac.2 :38
1. Repentez vous,
2. Soyez baptisé au nom de Jésus-Christ,
3. A cause du pardon de vos péchés,
4. Et vous recevrez le don du Saint Esprit. Etes-vous prêts ? Que Dieu vous soit en aide.

Message 22 – La vraie confirmation du Saint Esprit dans le baptisé

Lecture : Ac.2 :38

Quand il s'agit de la confirmation du Saint Esprit dans le baptisé, nous vous mettons en garde contre des fausses alertes.

A la veille de son mariage la jeune fille se pose les questions suivantes ?

Comment abandonner ma famille pour me donner pour toujours à un homme ?

Que faire s'il me demande de renoncer à mes anciens amis pour m'attacher à lui seul ? Il doit être jaloux ?

Et qu'arrivera-t-il s'il parvient à découvrir mes défauts ou mes fautes cachées ? Trêve de pensées folles.

Il n'y a pas de comparaison entre ce que vous laissez avec ce que vous allez recevoir. Il y a d'abondante joie devant sa face, des délices éternels à droite. Ps. 16 : 11

Jésus vous demande d'être sincère. Si vous avez des défauts, et qui n'en a pas ? il vous faudra confesser vos péchés. Voici la liste à consulter pour vous conformer à sa volonté :

1. Vous devez témoigner publiquement de ses bienfaits avec un cœur reconnaissant.
2. Vous devez être prêt à servir quand et où il le veut. Nous sommes son ouvrage, ayant été créé en Jésus-Christ pour de bonnes œuvres que Dieu a préparées d'avance afin que nous les pratiquions. Ep.2 :10
3. Vous devez être prêt à contribuer, à payer vos dimes comme une redevance à Dieu et à présenter vos offrandes avec un cœur humble et soumis.

Méfiez-vous de ceux qui croient que vous n'êtes pas converti si vous ne parlez pas en langue ou que vous ne faites pas de miracle. Jean Baptiste n'en avait fait aucun et pourtant Christ a témoigné en sa faveur en disant que parmi tous ceux qui sont nés de femmes, il n'en a point paru de plus grand que lui.
Mt.11 :11 ; Jn.10 :41

Quand vous chantez les cantiques évangéliques, soyez certain que vous le faites de tout votre cœur. Ep. 5 : 19

Que vous soyez attentif aux annonces de l'Eglise quand il s'agit d'aider, de contribuer pour un besoin pressant, pour une urgence. Ti.3 :14

Prenez-le comme un privilège et non comme un fardeau afin qu'il ne soit pas sans produire des fruits. Ti.3 :14

N'imitez personne dans leur geste extérieur. Ne forgez pas des visions et ne vous tourmentez pas pour des révélations. Dieu sait comment vous parler. Soumettez-vous donc à lui. Il produira en vous le vouloir et le faire selon son bon plaisir. Ph.2 :13

Voilà la vraie manifestation du Saint-Esprit.

Chers candidats, soyez avertis, soyez prêts.

Message 23 – Faut-il comprendre le concept du baptême avant d'esquisser le geste ?

Lecture : Lu.7 :30

Pour les pharisiens et les sadducéens, ils ont refusé le baptême de Jean par pur préjugé. Ainsi ils prononcent un jugement contre eux-mêmes. Lu.7 :30

Jésus ne vous demande pas de comprendre mais d'obéir sans comprendre. En voici les raisons :

1. Le salut est par la foi. Ep.2 :8 ; Ro.5 :1
   a. Personne n'a contribué pour l'obtenir. C'est un don gratuit de Dieu.
   b. Tous les messages du Seigneur sur le royaume, sont délivrés dans un langage spirituel. Il nous faut tout accepter par la foi. C'est la seule façon de le suivre. Jn.14 :6
2. L'Evangile s'inscrit dans la réalité des preuves :
   a. Les guérisons étaient réelles.
   b. La multiplication des pains était réelle.
   c. La réhabilitation de la femme était réelle.
   d. La résurrection des individus était réelle.
   e. La manifestation du Saint Esprit était réelle.
   f. La mort et la résurrection de Jésus étaient réelles.
   g. Son ascension était réelle. Par conséquent, l'enlèvement de l'Eglise est réel et le Retour de Jésus-Christ est réel.

Si vous n'y croyez pas je vous dirai que la fin du monde et le jugement dernier sont certains. Si vous ne croyez pas aux premiers, préparez-vous pour ce dernier. Ce sera triste.

Candidats au baptême, ayez foi en Jésus-Christ pour mourir avec lui, pour ressusciter avec lui par la foi afin de régner avec lui dans l'éternité.

Message 24 – A quoi doit-on s'attendre après le baptême ?

Lecture : Mc. 1 : 9-19

Réponse : Nous devons comme Jésus nous attendre à un examen de qualification.

Aussitôt, après son baptême, **l'Esprit poussa Jésus dans le désert**, où il passa un mois et dix jours pour être **tenté par le Diable**. Il était avec les bêtes sauvages.

I.   **Pourquoi cette ambiance ?**
     C'était un examen obligatoire que l'Esprit avait préparé pour Jésus. Sans plume ni papier, il devait composer. Mc.1 : 12
     1.   Il devait démontrer qu'il est vraiment le Fils bien-aimé de Dieu. Mc.1 :11
     2.   Il doit être un exemple depuis son baptême jusqu'au Calvaire. Autrement, il ne pourra pas dire : « Je suis le chemin », c'est-à-dire un exemple à imiter.
          a.   Ainsi tous les trucs de Satan pour le séduire devraient être sans effet. Mc.1 :12-13
          b.   Lui, le dernier Adam, doit vaincre toutes les bêtes sauvages. 1Co.15 : 45-47
          c.   Il devrait démontrer qu'il peut être tenté comme nous en toutes choses sans commettre de péché.He.4 :15
          d.   S'il échoue dans ces examens, il ne sera pas qualifié comme Messie.

II. Notre expérience personnelle

1. Après notre baptême, nous devons nous attendre aussi à des épreuves.

   a. Ce sera notre examen d'entrée dans la vie chrétienne.

   b. Nous serons aussi tentés. Cependant, pour ne pas succomber à la tentation, le Seigneur doit venir à notre secours. Mt. 6 : 13 ; 1Co.10 :13

   c. Il prouvera alors qu'il vit en nous. 1Co.6 :19-20 ; Ga.2 :20

Chers candidats, Satan reviendra sous d'autres formes pour attaquer le Seigneur, mais il était prêt. Nous aussi, soyons prêts. Si nous échouons, la mission de Jésus-Christ est compromise. Peut-il compter sur vous ? Lu.4 :13

Message 25 – Manifestation des bêtes sauvages

Lecture : Mc. 1 : 12-13

« L'homme n'est ni ange ni bête » dit Pascal. Il est les deux à la fois. Pour votre édification, voyons les bêtes qui peuvent loger en nous.

I. Les voici :

1. Quand nous mentons ou médisons sur nos frères c'est le **Serpent** qui siffle en nous. Ge.3 :4-5
2. Quand nous mangeons trop c'est le **Porc** qui grogne en nous. Lu.21 :34
3. Quand nous agissons avec brutalité et méchanceté c'est le **Tigre** qui gronde en nous. Da.3 :21-22
4. Quand nous refusons de pardonner c'est l'**Eléphant** qui barrit en nous. Mt.6 : 15
5. Quand nous sommes dominés par la vanité c'est le **Paon** qui braille en nous. Ro.12 :3
6. Quand nous agissons par flatterie c'est le **Renard** qui jappe en nous. Pr.29 :5
7. Quand nous avons une trop haute opinion de nous-mêmes, c'est le **crapaud** qui se gonfle en nous. Ro.12 :3
8. Quand nous sommes hypocrites envers nos bienfaiteurs, c'est le **Chat** qui miaule en nous. Ro.12 :9
9. Et quand nous agissons avec paresse et négligence, c'est la **Tortue** qui rampe en nous. Pr.26 :14

Quand l'apôtre Paul dit: « Je ne fais pas le bien que je veux, et je fais le mal que je ne veux pas », il prouve que certaines de ces bêtes sauvages agissent dans son cœur. Ro. 7 :19

II. Comment les chasser de nos cœurs ?
1. Il faut s'adresser à Jésus. Ro. 7 : 24-25a
2. Il nous enverra des Anges pour nous servir. Mc. 1 : 13
3. Il peut nous préserver de toute chute. Jud.24
4. Il peut sanctifier notre être tout entier : l'esprit, l'âme et le corps. 1Th.5 : 23-24

Cependant, il faut être un chrétien de conviction. Ro.14 :23

Chers candidats
La victoire de Jésus sur nos faiblesses va prouver son amour et sa fidélité. Restons près de lui.

Troisième Série

La Sainte Cène

Avant-propos

Jésus-Christ expose toujours son enseignement dans un langage simple. Il le met dans un niveau tel qu'un petit enfant peut le comprendre.
Ce sujet si profond que la Sainte Cène nous invite tous à une table étendue depuis le premier siècle avec des allonges allant à l'infini pour asseoir tous les croyants du monde entier.
Au nom de Jésus, je vous invite à prendre siège pour qu'à l'appel nominal vous répondiez « présent. »

Pasteur Renaut Pierre-Louis

Message 1 – Ceci est mon corps

Lecture : Mt. 26 :26

Jésus se voit déjà dans la cour de l'immolation. Il anticipe sur ses souffrances. Il a déjà commencé à souffrir et tient à partager ses douleurs avec ses disciples. L'apôtre Paul l'appelle « La communion de ses souffrances » à laquelle tous les chrétiens sont appelés à participer. Philippiens 3 :10

L'Eglise est le corps de Jésus-Christ. Soyons prêts à souffrir pour lui. Paul dira : Ce qui manque aux souffrances de Christ, je l'achève en ma chair, pour son corps qui est l'Eglise. Colossiens 1 :24

C'est dans le pèlerinage douloureux entrepris par l'Eglise à travers les siècles que Jésus fait sa renommée et prouve la déclaration « qu'il bâtira son Eglise et que les portes de l'enfer ne sauraient prévaloir contre elle. L'Eglise est et restera en dépit de tout jusqu'au jour de son enlèvement.

Honte à vous qui, au lieu de souffrir pour l'Eglise, le faites souffrir par votre comportement, par votre désobéissance. Si vous continuez sur cette voie, vous signifiez votre indifférence au retour du Seigneur et votre dégoût pour demeurer avec lui dans l'éternité.

Je vous exhorte à faire comme Paul en acceptant de souffrir avec Christ et pour Christ car si nous souffrons avec lui sur la terre nous régnerons avec lui dans les cieux. Votez pour cette option au nom du Seigneur.

Message 2 – Je suis le pain

Lecture : Jn. 6 :47-51

Pour comprendre la signification de cette expression, il vous faut être témoin du traitement subi par le blé après la récolte. Il est criblé, battu, tamisé, vanné, dépouillé, réduit en farine. C'est le premier traitement.

Maintenant, avec un mélange fait d'eau, d'huile et du sel, le blé formera une pâte destinée à passer plusieurs fois au pétrin. C'est le deuxième traitement.

Cette pate sera mise au four. C'est le troisième traitement.

Notre Seigneur était **criblé** par les calomnies de toutes sortes. Il **passa au pétrin** de l'interrogatoire de Pilate et d'Hérode. Il **passa au pétrin** des injures de la foule puis flagellé à coups de fouet avant d'être **exposé sous le soleil ardent** de trois heures de l'après-midi.

Toutes ses souffrances pour vous et pour moi répondent à cette analogie » « Je suis le pain de vie ». Je suis la Parole de Vie. Avant de venir à vous sous une forme agréable, cette parole qui est Esprit et Vie a coûté très cher.

Jésus nous a dit : « Si cette Parole demeure en vous, demandez ce que vous voudrez et cela vous sera accordé ». Jn.15 :

A partir d'aujourd'hui, vivez de cette Parole.

Message 3 – Pourquoi une prière séparée pour chaque élément ?

Lecture : Mt.26 :26-30

Dans un souper ordinaire, les convives se mettent à table et l'on passe les mets sans avoir besoin de spécifier les divers éléments du repas.

Pourquoi Jésus devait-il procéder autrement ?

1. Le repas ordinaire c'est **la Cène**. Le repas du Seigneur c'est **la Sainte Cène**.
   a. Vous devez être conscient du geste que vous esquissez. Car, celui qui mange et boit sans discerner le corps du Seigneur, mange et boit un jugement contre lui-même. 1Co.11 :32
   b. Vous devez savoir que le pain, symbole du corps de Jésus-Christ meurtri pour vous, est le choix du Père qui a donné son Fils unique en sacrifice vivant pour notre salut. Jn.3 :16
   Ainsi, *pendant qu'ils mangeaient*, Jésus prit du pain, le rompit et le donna aux disciples, *après avoir rendu grâces*. Mt. 26 :26
   c. Paul précise en disant : « *Après le souper*, il prit la coupe et dit : Ceci est la nouvelle alliance en mon sang. Faites ceci en mémoire de moi. Mt. 26 : 27 ; 1Co.11 : 25
   Il rendit grâces pour chacun des éléments **séparément** car chacun avait son rôle dans l'œuvre de notre rédemption. Le corps en sacrifice pour nos péchés et le sang pour nous purifier de tout péché présent et à venir.

Le pasteur ne prend pas le pain et le vin pour lui et donne un pain sec aux fidèles. Christ leur disait : « Buvez-en **tous**. Mt. 26 :26

Soyons consistants avec l'ordonnance du Seigneur. Votre participation doit être intégrale avec le pain et le vin pris séparément. D'où la nécessité d'un examen de conscience. Paul nous dit « que chacun s'éprouve soi-même et qu'ainsi il mange le pain et boive la coupe. Car celui qui mange et boit sans discerner le corps du Seigneur, mange et boit un jugement contre lui-même. C'est pour cela qu'il y a parmi vous beaucoup d'infirmes et de malades, et qu'un grand nombre sont morts. 1Co.11 : 29-30
Ils sont là dans l'Eglise mais n'ont aucune puissance pour développer l'œuvre de Dieu. Que Dieu vous préserve de tomber dans cette catégorie. Notre rendez-vous est au ciel. Préparez-vous pour le grand repas avec le Seigneur.

Message 4 – A quelle distance êtes-vous de Jésus à la table de communion ?

Lecture : Jn.13 : 21-26

Imaginez une table depuis le premier siècle à nos jours pour recevoir les chrétiens du monde entier ! Imaginez un Jésus au milieu de cette table, à quelle distance serez-vous de lui ? Ce n'est pas si difficile à calculer si vous le demandez à Jean.

Il était pour Jésus, le disciple bien-aimé. Il s'appuyait sur son sein pendant un souper protocolaire. Jn.13 :23 Il était à l'aise pour lui poser des questions qu'aucun disciple n'oserait poser. Jn13 : 24-26

Quand Jésus allait laisser la planète, Jean était le seul à qui il pouvait confier sa mère. Jn.19 : 26-27
Maintenant, vous avez des veuves dans l'Eglise, des orphelins, des pauvres, des abandonnés, des réfugiés, des malades, allez-vous continuer la mission de Jean à leur endroit ? Consultez Mt. 25 : 40

Alors, et alors seulement, vous pourrez réclamer une place à la droite du Seigneur. Mt. 25 : 34

Message 5 – L'institution de la Pâque, un évènement extraordinaire

Lecture Lu.22 :8-14

Elle était extraordinaire

1. Par la manière de localiser le lieu de l'évènement. L'indication d'un homme portant une cruche pour repérer un endroit, est étrange en Israël quand les hommes dans ce pays ne portent pas de cruche ! On ne peut s'y tromper. Il est facile de l'identifier.
2. Par le local appelé à recevoir la réception. D'ordinaire, on mange au rez-de-chaussée, mais pour une séance à haut niveau, l'étage prévaut.
3. Par la tenue de la conversation. Celui qui va mourir va fournir les détails de ses funérailles avant son décès. M6 :21-22
4. Le Nouveau Testament est annoncé en son sang.

Quelle est votre préparation pour la Sainte Cène ? Une cruche d'eau pour laver les pieds des disciples ou une chambre haute pour recevoir Jésus et son audience dans l'intimité ? Ayez une affaire sérieuse à discuter dans ce rendez-vous.

Message 6 – Ceci est mon sang

Lecture : 1Co.11 : 24-25

Toute alliance est un contrat signé entre deux ou plusieurs personnes pour un but déterminé.

I. Définition des contrats :

1. Entre deux personnes distinctes, c'est un contrat synallagmatique ou bilatéral.
2. Entre plusieurs personnes distinctes c'est un contrat multilatéral.
3. Mais un contrat ou quelqu'un s'engage à faire un bien à un autre sans contrepartie, on l'appelle un contrat bénévole ou unilatéral.

II. Quelle est la nature du contrat du Seigneur ?

1. C'est un contrat unilatéral. Personne en dehors de Jésus-Christ, ne peut prétendre avoir contribué pour notre salut.
2. Jésus s'est donné lui-même en rançon pour tous. Jn.10 :17-18
   a. C'était prévu avant la fondation du monde donc, avant notre chute. Il diffère des sacrifices d'animaux qu'il faillait immoler pour chaque péché.
   b. Le sacrifice de Christ est parfait. Par une seule offrande il a amené à la perfection pour toujours ceux qui sont sanctifiés. He.10 :14

Nous les bénéficiaires de ce contrat, soyons en conscients et soyons fidèles jusqu'à son avènement.

Message 7 – Ceci est ma plaque d'identification

Tous les véhicules en circulation et régulièrement enregistrés ont une plaque d'immatriculation. Cette plaque identifie le propriétaire, son numéro de social sécurité, ainsi que son adresse, son numéro de téléphone et d'autres détails supplémentaires.

Cette plaque est connue et enregistrée au Bureau de Police et correspond à une seule voiture et un seul propriétaire.
Si vous conduisez la voiture d'autrui et que vous contrevenez aux lois de la circulation, vous aurez certainement des pénalités à subir.

Le pain et le vin dans le service de Sainte Cène est notre plaque d'identification marquée par le sang de Jésus-Christ.
Ces deux espèces disent tout de Jésus-Christ et de sa mission salvatrice.
Le pain c'est le corps de Christ, le corps de l'Agneau offert pour le salut du monde. Le sang, c'est l'expression de sa vie offerte pour nous purifier de tout péché. 1Jn.1 :7

Aucun chrétien baptisé ne doit s'en abstenir. Car toutes les fois que vous mangez ce pain et que vous buvez de cette coupe, vous annoncez le message de sa mort et de sa résurrection jusqu'à son avènement.
C'est un renouvellement et une responsabilité. Il n'y a pas de date ni de jour fixes ni de nombre fixe pour la cène. Toutes les fois … dit Paul. Soyez seulement sûrs d'être fidèles à cet engagement et gardez votre plaque d'immatriculation jusqu'au dernier jour.

Message 8 – Les qualifiés pour le banquet de l'agneau

Lecture : Ro.6 :19 ; 1Th.4 :4 ; Ti.2 :3, Ap. 19 :9

Si Jésus appelle tous au salut, tous ne sont pas sélectionnés pour participer à son banquet. Il faut donc remplir certaines conditions.

1. Il faut être en odeur de sainteté.
   a. Dans la tenue physique. Tite 2 :3
      Les militaires ont un uniforme de respect, les soldats de Christ de même. L'habit ne fait pas le moine, mais il le distingue.
   b. Dans une robe blanchie dans le sang de l'agneau. Ap. 7 : 14
      Ce n'est pas pour rien que Dieu nous passe par l'épreuve. Il veut nous distinguer. Ainsi, je vous exhorte à ne pas envier le sort des gens qui font ce qu'ils veulent, même s'ils sont des fils de leaders. Jésus est votre modèle.
2. Il vous demande d'être parfait comme votre Père céleste. Mt.5 :48
   a. C'est lui votre modèle. Voilà la condition pour participer à la Sainte Table.
   b. Si quelqu'un veut prendre ce protocole à la légère, qu'il sache que Dieu est terrible dans l'assemblée des saints et que c'est une chose terrible que de tomber entre les mains du Dieu vivant. Ps. 89 :7 ; He. 10 :31

Venez donc à sa table avec crainte et tremblement.

Message 9 – La Sainte Cène, un mémorial

Lecture : Da. 5 : 22-30

Il n'y a rien de magique dans la Sainte Cène. C'est un mémorial et elle ne confère aucune grâce sanctifiante. Cependant, en tant qu'institution, si quelqu'un ose la profaner, il court le risque d'être réprimandé comme jadis le roi Belschatsar.

En effet, les doigts d'une main d'homme écrivirent sur la muraille blanchie du palais ces paroles qui dérangeaient ses intestins : Comptez, pesez, divisez

Comptez : Dieu a compté ton règne et y a mis fin.

Pesez : Tu as été pesé dans sa balance et tu as été trouvé léger.

Divisé : Ton royaume sera divisé.

Cette même nuit, Belschatsar fut tué.
Si Dieu vous pèse sur la balance de sa justice et de sa sainteté, à quel numéro va s'arrêter l'aiguille de la balance ?

Réfléchissez mon frère, réfléchissez ma sœur. Le même Dieu est dans cette assemblée. Notre Dieu est miséricordieux mais il est aussi un feu dévorant.
He. 12 :29

Message 10 – La pose de la première pierre

Lecture 1Pi. 2 : 1-8

Quelle est cette pierre ?

I. C'est une fondation prophétique : la fondation de l'Eglise avec son sang. Vous avez été édifiés sur le fondement des apôtres et des prophètes, Jésus Christ lui-même étant la pierre angulaire. Ep.2 :22

II. C'est une fondation théologique

1. C'est la voix de Dieu dans le Nouveau Testament : Il nous parle par le Fils, l'héritier légitime de toutes choses.
2. Si vous êtes Témoins de Jéhovah sachez que nul ne vient au Père que par Lui.
   Jn.3 :35 ; 14 :6 ; He.1 :1
3. C'est sur cette base que fut posée la première pierre pour inaugurer la nouvelle alliance, pour régir la relation de Dieu avec l'homme, car Adam a violé le premier contrat.
4. Quelle est votre place dans cette construction ? Soyez sûrs d'être visibles dans son chantier ; autrement vous jouerez un rôle effacé comme remblais. Cependant, vous ne serez jamais présentés ni présentables devant son Père. Mettez-vous à table avec lui aujourd'hui comme partie de ses souffrances et de son œuvre pour occuper votre place avec lui au dernier jour.

Message 11 – La cène et la sainte cène

Lecture : 1Co.11 :25

Il ne faut pas confondre **La Cène** avec la **Sainte Cène**. **La cène** proprement dite correspond au Souper Oriental ; c'est le grand repas servi à tout le monde. Elle obéit aux règles d'usage. Les juifs boiront toujours du vin après ce repas copieux. C'est leur coutume.

La sainte cène obéit à un autre principe. C'est une institution du Seigneur pour symboliser son corps meurtri et son sang versé pour le salut de l'homme.

Pour y participer, il faut être saint.
Explication : Le saint n'est pas quelqu'un béatifié et ensuite canonisé par un pape. C'est plutôt quelqu'un mis à part pour servir Dieu. Ro.1 :1

Il faut être aussi sanctifié, c'est-à-dire exempt de toute souillure. Le saint peut pécher sept fois le jour, mais il se relève, par la confession de ses péchés. Pr. 24 :16

Il n'est pas nécessaire d'être à jeun pour y participer. Jésus distribuait la **Sainte Cène** pendant qu'on prenait **la cène,** c'est-à-dire **pendant qu'on mangeait.** Mc.14 :22
Ils burent le vin **après le souper.** Lu.22 :20

On ne gardait pas un silence froid pendant ce souper ; on animait une conversation. Jn.13 :21-26

La Sainte Cène est un mémorial et s'écarte de toute bigoterie. Elle peut être célébrée à volonté, partout et au milieu d'un repas ordinaire, en habit blanc ou en couleur, pourvu que ce soit en mémoire de Jésus-Christ pour nous rappeler tous de son retour. 1Co. 11 : 26 D'où la coutume des disciples de se dire après la Sainte Cène : « **Maranatha** » c'est-à-dire Christ revient.

Message 12 – Manger et boire un jugement contre soi-même

Lecture : 1Co.11 : 26-34

L'apôtre Paul souligne le sort des participants indignes à la Sainte Cène. Qu'entend-il par-là ?

Certains anciens buveurs convertis dans l'Eglise de Corinthe conservent leur manie de boire en plusieurs rasades. Comme en ce temps-là on observait le principe de la coupe commune, si cette coupe est servie d'abord à ces gens, ils en boivent sans égard pour les autres participants et on court le risque de ne pas en avoir assez pour tout le monde. C'est un désordre.

C'est pourquoi Paul déclare : « Si quelqu'un a faim, qu'il mange chez lui, parce que cette attitude peut attirer un jugement sur les coupables. » 1Co.11 : 34
On mange et boit indignement la Sainte Cène dans les cas suivants :

Quand on n'a pas évoqué la signification de la cène dans sa relation avec les souffrances, la mort et la résurrection de Jésus-Christ. 1Co.11 : 26
Quand, en tant que chrétien, on ne participe pas aux souffrances de Christ. On les évite pour ménager ses intérêts personnels. Ph.3 :18-19

Jésus attend que vous souffriez comme lui des privations, des injures, des calomnies, de la médisance, de la haine de vos proches et de vos ennemis. Mc.10 :30 ; 2Ti.1 :8

Autrement, vous serez ou **morts ou infirmes** c'est-à-dire **sans valeur spirituelle** pour son œuvre. 1Co.11 : 30

Examinez-vous pour savoir dans quel état vous êtes !

Message 13 – Signification de la cène

Lecture : 1Co.11 :23-26

I. C'est le repas du Seigneur
1. Un repas symbolique pris pendant le repas principal du jour appelé cène ou grand repas.
2. Il implique une invitation spéciale à des gens qui ont déjà reçu et compris le message de sa mort et de sa résurrection
3. Dans ce message, Jésus voulait entrer lui-même dans la vie du croyant de manière à loger le ciel en lui.
   Celui qui **mange mon corps** et qui **boit mon sang**, je **demeure en lui** et **lui en moi**. Jn.6:56

II. Il faut voir ici deux figures :
1. **Jésus loge en vous. Il crée dans votre système** une transformation avec les éléments qu'il trouve en vous.
   Il vous contrôle et vous transforme.
   Les choses anciennes sont passées et toutes choses sont transformées. 2Co.5 :17
2. **Vous logez en Jésus.** A ce moment, vous épousez sa dimension. Vous participez à sa vie dans toute sa hauteur, dans toute sa grandeur. Voilà comment vous pouvez avoir des révélations exceptionnelles.

III. Le but de ce repas
1. Rappeler le message de sa mort jusqu'à ce qu'il vienne. 1Co.11 : 26
2. Rappeler à tous sa raison d'être sur la planète. Lu.19 :10
3. Rappeler aux chrétiens sa dernière volonté. Mt.28 :19-20

Etes-vous prêts à partager son message ?

Message 14 – Jésus est en vente, qui va l'offrir sur le marché ?

Lecture Mc. 14 : 17-21

L'un de vous qui mange avec moi, me livrera.
C'était assez pour faire courir un frisson dans le dos de chacun des disciples. **Et il continua** : L'un des douze qui **met la main avec moi dans le plat**. Mc.14 :20
Tous, même Judas disent : « Est-ce moi ? » Mt.26 :25

Pendant ce temps, les trente pièces d'argent reçues des principaux sacrificateurs, se frottaient l'une contre l'autre dans sa poche.

Cette question de Jésus interrogeait la conscience de tous, mais différemment de Judas. En disant « Est-ce moi », il veut savoir si Jésus a pu deviner la transaction qu'il avait contractée en son absence. Ce serait un apaisement à sa conscience.

Mais contrairement à son attente, Jésus s'est soumis à l'arrestation. Judas en était déçu. Pris de remords, il alla se pendre.

Bien-aimé on peut vendre Jésus pour moins que trente pièces d'argent.

Un mensonge, une tenue mondaine, une coiffure mondaine, un maquillage mondain, un job accepté à l'heure et au jour de l'adoration, un mariage d'affaire, un billet de loto, un silence devant la vérité à proclamer… tout cela, c'est vendre Jésus pour des vanités.

N'allez pas prendre une corde pour vous pendre. Venez à Jésus. Pierre avait fait pire que Judas. Après sa repentance, il était devenu un champion du christianisme. Qu'il en soit ainsi pour vous.

Message 15 – Le morceau trempé

Lecture Jn.13 : 21-30

I. L'implication du morceau de pain trempé

1. C'est la trahison de Judas car **avant d'être brulé sur l'autel, l'animal devait être vidé de tout son sang**. Lév. 1 : 11-13 ;
2. Le pain trempé, symbolise le corps de Jésus-Christ **livré avec tout son sang**. Jésus lui-même les sépare : Lév. 1 :13 ; Mt. 26 :26-28
3. **Ceci est mon corps** Mt. 26 : 26 et après un intervalle, il dira **Ceci est... mon sang.** Mt.26 :28
4. Judas va livrer Jésus avec tout son sang sur lui. Il va souffrir ce qu'aucun animal n'a souffert avant l'immolation. On n'a jamais battu l'animal. On le présente à l'autel pour être sacrifié ; mais pour Jésus, il allait souffrir toutes les humiliations et la mort orchestrées par Judas, son disciple pendant trois ans.

II. Conséquences :

Par ce geste, Judas, l'incarnation de Satan, ne savait pas s'il avait perdu. L'agneau de Dieu sera immolé. Le péché du monde est expié. Jésus proclamait sa victoire. Il va mourir à notre place ! Jn.13 :30-31

Cette victoire assurée le prépare pour toutes les épreuves qu'il devait subir jusqu'au Calvaire. Soufflet ? Crachat ? Humiliations ? Accusations ? Flagellation ? Il subissait tout avec courage en vue de la gloire qui lui était réservée. He.12 :2

Sachez que vos épreuves dureront trois jours symboliques : Le jour du choc, le jour des calculs et le jour de la délivrance. Acceptez d'être le pain trempé et attendez !

Message 16 – Le lavement des pieds

Lecture Ac.13 : 1-17

Historiquement, dans la coutume orientale, un serviteur reçoit l'invité à la porte et lui lave les pieds. Ensuite, le maitre de la maison lui applique de l'huile sur la tête avant d'être reçu à sa table. Lu.7 :44
Jésus joue ici le rôle de maitre et de serviteur.

I. Implications du lavement des pieds :

1. Pour laver les pieds de quelqu'un, il faut se baisser devant lui. Jésus s'est dépouillé de sa gloire, de sa majesté divine pour prendre une forme de serviteur pour s'abaisser, s'humilier en vue de nous laver de nos péchés.
2. Le lavement des pieds est un symbole d'humilité.
3. Puisqu'il lave les pieds des disciples et les essuie, le lavement des pieds est un symbole de **pardon** et d'**oubli** des torts. On n'y revient plus !
4. Le pays oriental est un pays de poussière, on portait des sandales. Avant de vous recevoir, l'hôte engage un serviteur à vous laver les pieds. Cette pratique était connue depuis le temps d'Abraham. Ge. 18 :4 ; 19 :2 ; 43 :24

Elle n'est plus en vigueur aujourd'hui. On ne porte plus les sandales pour voyager. On va en voiture. Jésus l'a utilisé pour prêcher un exemple d'humilité.
On n'a plus la nécessité de pratiquer la coutume orientale mais, si on veut participer à la table du Seigneur, c'est-à-dire à la Sainte Cène, et si l'on veut être heureux, il faut pratiquer **l'humilité et le pardon**. Jn.13 : 8,17

Message 17   Retraçons la piste de Judas

Lecture.   Mt. 26 :15 ; Jn.12 : 1-8

Pour célébrer la résurrection de son frère Lazare, Marthe organisa un piquenique et y invita Jésus et ses disciples. Marie en profita pour oindre les pieds de Jésus avec un parfum très couteux.

Quelle perte, cria Judas ! Ce parfum au marché vaut plus que 300 deniers ! Jn.12 : 5-7
Combien de pauvres auraient pu manger avec cela !

Jésus le réduisit au silence. Pris de colère, Judas abandonna la salle de réception pour aller et offrir aux sacrificateurs de leur vendre Jésus pour un prix de dix fois inférieur à celui estimé pour le parfum en question. Mt. 26 :15
Judas est revenu avec les trente pièces dans sa poche, mais bien avant l'heure du souper pour n'éveiller aucun soupçon. Jn.13 : 2

Il lui reste de livrer la marchandise. Quand Jésus parle de la trahison, il ose lui demander : « Est-ce moi ? » Est-ce que je suis découvert ? Une fois accusé, Judas quitta la salle pour entrer pour jamais dans la nuit. Jn.13 :30

Le temps pour Judas de sortir, il revint, muni de sa lanternes et suivi des gardes pour arrêter Jésus au milieu de la nuit. Jn.18 :3
Jésus a lavé les pieds de Judas, c'est-à-dire qu'il a reçu son pardon. Malgré tout, il vint avec les huissiers pour l'arrêter. Jésus l'appelait « mon ami ». C'était sa dernière

chance. Mais le crime était déjà arrêté dans son esprit. Il doit le consommer. Mt.26 :50

Judas, êtes-vous maintenant dans notre assemblée ? N'allez pas de décisions au remords, mais de repentance vers la confession. Prions.

Message 18 – La Sainte Cène une prescription obligatoire

Lecture No.9 :1- 11

Dans la deuxième année après la sortie d'Egypte, L'Eternel légalisa la Pâque parmi les enfants d'Israël.

I. Il en impose trois conditions :
1. Un état de sainteté pour les participants : ils ne doivent toucher à rien d'impur. No.9 :6
2. Ils doivent présenter une offrande d'expiation No.9 :7
3. Ils doivent présenter une offrande d'adoration No. 9 :1-5

II. Il répond aux objections.
1. Des gens impurs pour avoir touchés un mort, demandent à Moise de statuer sur leur cas. Ils célèbreront la Pâque le mois prochain.
2. Des gens qui sont en voyage dans le lointain. Dieu leur accorda de célébrer la Pâque le mois suivant. No.9 :11

III. Il réprouve l'abstention
Si des gens refusent de participer à la Pâque pour leur bon plaisir, l'Eternel les retranche de son milieu parce qu'ils omettent de lui présenter leur offrande au temps fixé. No.9 :13
Dans quelle catégorie êtes-vous aujourd'hui ?
Déclarez-le et conformez-vous.

Message 19 – La Pâque juive

Lecture : Ex. 12 : 12-13

Avant la sortie d'Egypte, l'Eternel prescrivit aux hébreux de manger la Pâque.
Qu'est-ce-que c'est ?

C'est la signature avec du sang de sa délivrance de l'esclavage en Egypte. Les 10 plaies ne les avaient pas délivrés. Sans le sang versé, pas de délivrance, pas de victoire sur Amalek, pas de traversée de la Mer Rouge et pas de manne continuelle.

Aujourd'hui, Jésus vous invite à sa table. Il est notre Pâque qui a été immolé. 1Co.5 :7
C'est un rendez-vous avec lui. Si vous avez quelque chose à régler, allez le trouver directement. Autrement pas d'excuse.

Histoire d'un grand dignitaire
Il était absent du pays. A son retour, il a vu à la Télévision un grand diner du roi et auquel il n'avait pas participé. Son siège restait inoccupé Le lendemain, il est allé au Palais National pour signifier, passeport en main, la raison de son absence.

Bien-aimé, votre place est réservée à la table du Seigneur. Conformez-vous au plus tôt et fuyez en même temps la colère de l'Agneau. Ap. 6 :16

Message 20 – L' implication de la Sainte Cène

Lecture He. 9 : 16-22

Quand on a le sang dans les mains : On doit se demander : A-t-on une blessure ou en a -t-on provoqué une ? Si la blessure est faite à quelqu'un il doit y avoir une cause.

A ce moment un examen de conscience s'impose : Cette blessure, est-elle le résultat de la négligence, de la jalousie ou de la haine ? Était-elle préméditée ? Etait-elle le résultat d'un crime passionnel ?
En politique il peut s'agir de Raison d'Etat. C'est l'affaire du gouvernement.

Dans la théologie, il s'agit de la Raison de Dieu. C'est de la volonté de Dieu. Jn.3 :16
Jésus a versé son sang pour nous. Pilate s'en lavait les mains. Pour lui, c'est la raison d'Etat. Cependant, l'homme a péché dans son corps, il fallait une réparation dans un corps car le salaire du péché, c'est la mort. Sans effusion de sang il n'y a pas de pardon. C'est la Raison de Dieu. He. 9 :22

Comme aucun être céleste n'a un corps, Jésus est venu lui-même prendre un corps dans le sein de Marie pour l'offrir en sacrifice. Jésus donne sa vie afin de la reprendre. Jn.10 :16
Il a subi le jugement de Dieu à notre place. Ainsi celui qui croit en lui n'est point jugé. Il bénéficie de l'autorité de la chose jugée. Il n'y a donc aucune condamnation pour ceux qui croient en Jésus-Christ. Réjouissons-nous une fois de plus de ce privilège.

Message 21 – Le huis clos au départ de Judas

Lecture : Jn.13 : 31-35

Le huis clos est un débat judicaire hors de la présence du public. Citons en trois dans la bible :
L'un quand Joseph demanda qu'on fasse sortir tout le monde pour qu'il se découvre à ses frères. Ge.45 :1
Le deuxième est quand Gamaliel le réclama pour s'adresser verbalement au tribunal juif en faveur des apôtres Pierre et Jean. Ac.5 :34

Le troisième qui nous concerne aujourd'hui, c'est quand Jésus le réclama adroitement de Judas. Car il allait confier aux disciples des secrets qu'il avait gardés depuis trois ans et que Judas ne devait pas entendre.
1. De quoi s'agissait-il ? Dès que le morceau fut donné, Satan entra dans Judas. Jésus lui dit: Ce que tu fais, fais-le promptement. Jn.13 :27.
2. La trahison de Judas va lui rendre service. Nous sommes maintenant au dénouement de la pièce qui était préparée depuis avant la fondation du monde. Judas, le fils de la perdition, va le livrer.

Chers bien-aimés, nous sommes dans le huis clos avec le Seigneur et avec ses frères et sœurs de confiance. Avez-vous maintenant sur votre conscience, l'intention de livrer le Seigneur ? Avez-vous l'intention de nuire au progrès de l'Evangile ? Si oui, votre place n'est pas dans le huis clos de son intimité. Judas vous attend au dehors. Tachez de le rejoindre. Sinon, repentez-vous !

Message 22 – Le procès de Judas

Lecture. Lu.6 :13-15

Mes frères bien-aimés, que personne aujourd'hui ne présume de sa force. L'histoire de Judas l'a bien prouvé. Après toute une nuit de prière, Jésus a choisi ses disciples dont Judas qui devint traitre. Quelles sont les causes de sa trahison ?

I. **Causes lointaines**
   1. Venu de la Judée, Judas Iscariot se montrait indépendant des disciples qui étaient galiléens.
   2. Trésorier du groupe pendant trois ans, il violait la confiance placée en lui. Jn.12 :6

II. **Causes immédiates**
   Comme il lui était interdit de vendre le parfum de Marie et que Jésus annonçait sa mort prochaine sans une date fixe, il sauta sur une occasion de le vendre sans attendre un reçu. Mt. 26 : 14-16, 20

III. **Les chances offertes à Judas**
   1. Jésus lui lave les pieds, symbole de pardon. Jn.13 : 5
   2. Il désigna adroitement le traitre pour interroger sa conscience. Peine perdue ! Jn.13 : 26-27
   3. Son crime était prémédité. Jn.13 : 27,30
   4. Le ciel reste muet à cet acte de livraison car un agneau n'a pas droit à la parole. Il doit être immolé. Es. 53 :7

Qu'allez-vous faire maintenant avec le pain que vous avez en main ? La trahison n'est pas dans le prix mais dans le cœur. Examinez-vous bien-aimés. Jn.13 :2

Message 23 – Secrets dévoilés aux disciples dans le huis-clos

Lecture Jn.13 : 30-35

1. Je suis pour peu de temps avec vous ; vous me chercherez. Vous ne pouvez venir où je vais. Je vous le dis maintenant. Jn.13 : 33
2. Puisque l'heure approche où je dois vous laisser, puisque le traitre est parti pour jamais, serrons nos rangs autour de notre maitre. Jn.15 :15
3. Mettons en commun nos fardeaux nos labeurs. En Jésus nous ne sommes qu'un dans la joie et les pleurs. Jn.13 :34
4. Sinon, Judas est encore là parmi nous. Nous ne pouvons pas crier victoire. Notre championnat est compromis.
5. Pierre ne pourra ignorer l'adresse de Jacques ni de Jean, ni leurs besoins parce que tout est partagé dans leurs relations.

   Nous sommes à notre huis-clos avec le Seigneur. Il nous dit tout bas : Je viens bientôt ! Gardez la même relation fraternelle. Je veux vous sauver tous, je veux vous bénir tous.

Message 24 – La leçon possible de Pierre à Judas

Lecture Jn.13 :36-38
Tous les renseignements sur un patient ne peuvent guérir un autre patient de sa maladie. Quelle était la maladie de Pierre ?

I. La maladie du pouvoir
  1. Il voyait en Jésus un messie national.
     a. Pour l'employer comme ministre de la défense
     b. Pour assurer son bien-être matériel.
     c. Pour guérir sa belle-mère. Lu.4 : 38-40

II. Ce qu'il ne voyait pas :
  1. Un Jésus parfaitement homme et parfaitement Dieu. Col.2 :9
  2. Un Jésus sauveur du monde, juifs et païens en dehors des frontières de la Palestine.Es.56 :7
  3. Un Sauveur prêt à souffrir pour une grande cause. Mt. 16 : 21-23

III. Conséquence :
  1. Avec cette conception bornée, Il devint un fanatique religieux prêt à défendre même *le Sauveur du monde.* Jn.18 :10
  2. Il le comprendra seulement à la réception du Saint Esprit. Alors il sera lui-même prêt à subir des outrages pour Jésus-Christ. Ac. 5 :41
  3. Il saura que celui qui se fait ami du monde se rend ennemi de Dieu. Jn.18 :36 ; Ja.4 :4

Ce que Judas ne saura pas
Pierre a fait pire que lui : il a renié son maitre, mais il s'est repenti. Mt.27 :74

Pierre du vingt-et-unième siècle, le microchip est déjà là. Accepterez-vous de le mettre sur vous et nier le sceau du Saint-Esprit en vous ? Cessez donc vos comparaisons et suivez le maitre sans distraction.

Message 25 – Un message interdit à Judas

Lecture Jn.16 :7-11

Quand Jésus disait : N'est-ce-pas moi qui vous ai choisis ? Et l'un de vous est **un démon**. Il parlait de Judas Iscariot, le futur traître. Jn.6 :70-71
Un démon ne sera jamais converti. Il doit attendre le jugement dernier.
Jésus est clair dans sa déclaration sur le rôle du Saint-Esprit : Jn.16 :7-11
Il convaincra le monde de péché. Si vous refusez de croire en Christ, il affichera sur un tableau vos péchés anciens et nouveaux.
Il vous convaincra de justice parce que, en tant qu'avocat, il va retrouver le Père pour signifier que sa mission est finie. Tout est accompli.
Il vous convaincra de jugement. Il va alors siéger en juge pour vous condamner.
Si Satan le promoteur du mal sera jugé, qu'en sera-t-il de vous, son disciple ? Jn.12 :31

Vous êtes aujourd'hui à la table du Seigneur. Si ce message est interdit à Judas vu qu'il était indécrottable, qu'il n'en soit pas ainsi pour vous bien-aimé. Songez que c'est une chose terrible que de tomber entre les mains du Dieu vivant. He. 10 :31

Tandis que nous allons prier, faites un acte de repentance. Jésus est le Dieu de la seconde chance. Soumettez-vous donc à Dieu, résistez au Diable et il fuira loin de vous. Ja.4 :7

Message 26 – La discipline à la Sainte Table

Lecture. 1Co.11 : 28-29

Comment venir à la table du Seigneur quand ce n'est pas une orgie, une bacchanale ?

Voyons les recommandations de Paul à ce sujet :
1. Que chacun s'éprouve soi-même, c'est-à-dire qu'il faut un examen de conscience. 1Co.11 : 28
    a. Il sous-entend une préparation spirituelle, un temps mis à part pour la confession et la restitution, pour rechercher le pardon de Dieu et du prochain.
    b. Un temps pour rechercher la réconciliation avec ses ennemis, si on en a. Un temps pour redresser les malentendus avec autrui.
2. Il faut discerner le corps du Seigneur.
    Ce corps c'est l'agneau de Dieu offert en sacrifice pour nous délivrer du péché d'Adam. Il a cloué sur la croix l'acte de notre condamnation. Col.2 :14
    Son sang a coulé pour nous purifier de nos péchés personnels. C'est à cela qu'il nous faut penser en venant à la sainte table.
    Si vous n'avez pas dégagé la signification de la Sainte Cène, je vous prie de vous en abstenir pour ne pas manger et boire un jugement contre vous-mêmes et connaitre une mort spirituelle. Songez que Dieu est terrible dans l'assemblée des saints. Ps.89 :7

Message 27 – L'insouciance à la Sainte Cène et ses conséquences

Lecture : Ex. 12 : 8-11

Paul dit que cette insouciance cause l'infirmité et même la mort de plusieurs. Comment définir l'infirmité à la consommation indigne des espèces ?
L'infirmité c'est un handicap qui empêche le fonctionnement d'une partie d'un organisme.
Certains chrétiens sont spirituellement handicapés. Ils ne sont pas prêts à prier, à jeûner, à servir, à coopérer, à contribuer en quoi que ce soit. Ils sont indifférents aux choses spirituelles.

D'autres sont morts. Ils ne peuvent mettre aucune de leurs facultés au service du Seigneur.
Leur présence ou leur absence sont égales. Mais la charogne de leur mauvais témoignage peut nuire à l'Eglise.
Qu'il n'en soit pas ainsi parmi nous. A la Pâque des juifs, on devait avoir les reins ceints, les souliers aux pieds, et le bâton du pèlerin à la main ; et vous le mangerez à la hâte. C'est la Pâque de l'Éternel. Ex.12 :11

C'est une facon de décrire leur disposition pour servir après avoir mangé la Pâque. Si vous le faites ainsi bien-aimés, vous assistez déjà à un réveil et l'Eglise s'en ressentira.

Qu'il en soit ainsi pour nous dès aujourd'hui pour la promotion de l'Evangile et pour la plus grande gloire de Dieu.

Message 28 – Les secrets du royaume

Lecture Mt. 13 :10-11

Quand il s'agit de secrets, ils ne peuvent être à la portée de tout le monde. Jésus va livrer des secrets aux disciples et pour les y préparer, il leur dit : Que votre cœur ne se trouble point. Je vais vous avouer de grands secrets.

I. **Jésus a prévu plusieurs demeures dans le royaume.**Jn.14 :2
   1. Il ne s'agit pas de résidences privilégiées pour les riches, les intellectuels et les blancs. L'enfer tout comme le ciel ignorent la discrimination et la ségrégation.
   2. Il s'agit des demeures pour les hommes de foi, les fidèles ouvriers de Dieu.
   Judas ne devait pas entendre ce message car il n'y pas dans le ciel de la place pour les traitres.

II. **Il distribua des dons ineffables**
   1. Pour gagner des âmes à Christ. Ac.2 :41
   2. Pour guérir un boiteux de naissance. Ac.4 :13
   Judas ne devait pas le savoir. Autrement, il établirait des comptoirs de vente de guérison avec des flacons d'huile ou de l'eau filtrée.

III. **Il prévoit des récompenses pour les bonnes œuvres.**
   Commencez maintenant à visiter les malades, les absents, les veuves, le orphelins et les pauvres. Que Jésus soit avec vous !

Message 29 – Doit-on compter un Judas sur chaque 12 chrétiens ?

Lecture : Lu. 13 :23

Quel calcul fantaisiste ! A cette question, Jésus répond :
Efforcez-vous d'entrer par la porte étroite. Lu.13 :23
Il s'adresse à vous et à moi.
L'Eglise n'a pas une jauge pour déterminer les sauvés
et les perdus.

Que tous sachent que la persévérance qui sauve ce n'est
pas de venir à l'Eglise chaque jour ou participer à la
cène chaque mois ou chaque semaine.

Que tous sachent que la tenue en blanc pour venir à la
Table du Seigneur n'est pas une exigence ni un signe
de sainteté.

Que tous sachent que la vraie persévérance c'est de
marcher avec Dieu et de rester en communion avec lui.

Ne prétendez pas être sauvés parce que vous êtes
protestants et que tous les catholiques sont perdus.
Dieu ne vous invite pas à juger les gens d'après leur
religion ou d'après leurs actes. Lui seul tient ce registre.

Dès aujourd'hui, préparez-vous non pas pour la cène
du mois, mais pour l'avènement de Jésus-Christ. Lui
seul en connait la date et les gens qualifiés pour son
royaume. L'affaire de Judas est une affaire classée.
Puisque vous êtes déjà entré par la porte étroite, restez
dans le chemin et marchez avec Jésus jusqu'au bout.

Message 30 – La Pâque juive et Jésus notre Pâque

Lecture : Ex. 12 : 1-11

La Pâque est entrée dans l'histoire d'Israël à la veille de l'Exode ou fuite du pays d'Egypte. Dieu l'a rendu obligatoire pour tous même pour les étrangers en séjour en Israël. Pourquoi ?

I. **C'est un mémorial pour leur rappeler leur délivrance de la main de pharaon.** Dieu les a délivrés à main forte et à bras étendus.
Ex. 12:3, 5, 7, 8, 11, 13
1. C'est l'image du Christ Rédempteur : Jn. 1:29
   a. L'agneau devait être sans défaut : Jésus était pur, sans péché Ex.12: 5, 6; Jn. 18:38
   b. Le sang de l'agneau devait être appliqué sur le linteau de chaque porte, signe du salut personnel. Jn. 3:16
   c. Ce sang constitue la seule protection contre l'ange exterminateur. Ex.12:. 13; He. 10: 14
2. On mange l'agneau avec des herbes amères, symbole des souffrances du Messie et l'on chante le Psaume 118. Ex.12 : 8.

II. **La fête de Pâque des Chrétiens.**
Mc. 14:12-25
1. Christ est notre Pâque. 1 Co. 5:7
Il nous la représente sous les espèces du pain et du vin, symbole de son corps meurtri et de son sang versé.

2. Ce sang est notre « carte d'identité » spirituelle. Il confirme notre complète délivrance du péché et notre appartenance à Christ seul. Ro. 8: 9-11

3. L'herbe amère est le symbole des souffrances que nous acceptons d'endurer de plein gré, pour le nom de Jésus-Christ. 2 Ti. 3:12

Etes-vous prêts ?

Message 31 – L'heure prescrite pour la Pâque

Lecture : Lev. 23 :5

L'Eternel ordonna qu'elle fût célébrée entre les deux soirs c'est-à- dire avant le crépuscule.
Depuis plus de 1600 ans, Dieu avait prévu que Jésus-Christ devait mourir à 3.00 heures de l'après-midi, L'après-midi et, avant le soir, donc entre les deux soirs. Lev. 23 :5

Hier il s'agissait du sang de l'animal qui devait couler complètement avant de bruler l'holocauste. Le sang devait être coulé, et il vous demande de le boire ! Cette parole était si dure pour les juifs qu'ils tournèrent le dos à Jésus. Jn.6 :60, 66

Le secret c'est que nous ne tuons plus un agneau pascal. Jésus est l'agneau pascal immolé. Nous sommes sauvés par son sang.

Aujourd'hui il vous dit : « Toutes les fois que vous faites la cène vous annoncez son avènement ». En d'autres termes, si vous ne participez pas à la Sainte Cène, vous faites semblant de lui dire : Votre avènement ne m'intéresse pas. 1Co.11 :26

Pour nous chrétiens, Jésus est notre Pâque, l'agneau immolé pour effacer nos péchés.
Vous avez vu comment les juifs devaient avoir les reins ceints, et le bâton en main prêts à partir et combattre. Mangez vite, et mettez-vous au travail sans délai. Voilà la consigne.

Message 32 – Le levain dans la Pâque

Lecture : Ex. 12 :15,20

Par définition, le Levain ou ferment est une substance en état de fermentation utilisée pour provoquer dans d'autres substances le phénomène de la fermentation.

1. Le pain sans levain s'appelle azyme. C'est le seul recommandé pour la célébration de la Cène.
2. Aucune offrande à l'Eternel ne sera présentée avec du levain ou du miel. Le.2 :11
3. Le levain est un symbole d'hypocrisie de laquelle Christ nous met en garde. Lu12 :1
4. Le miel, douceur naturelle, ne peut être le symbole de la bienveillance divine du Seigneur Jésus. Il recevra une coupe amère de souffrance et non de douceur.
5. La fête des pains sans levain s'appelle la Pâque. Lu.22 :1
   Paul nous exhorte à faire disparaitre le vieux levain, afin que vous soyez une **pate nouvelle** puisque nous sommes sans levain, car Christ notre Pâque a été immolé. 1Co.5 : 7
6. Nous devons célébrer la fête non avec du vieux levain de malice et de la méchanceté, mais avec les pains sans levain de la pureté et de la vérité. 1Co.5 :7,8

Ainsi bien-aimés, nous qui sommes ici pour participer à la table du Seigneur, examinons-nous pour voir s'il n'y a pas d'hypocrisie parmi nous. L'Eglise ne pourra jamais avancer avec la fausseté. Prions ensemble pour que son Saint Esprit nous guide dans la sincérité.

Message 33 – Es-tu lavé dans le sang de l'agneau

Lecture Ap.7 : 9-17

Voici l'un des vieillards posait cette question à Jean « Qui sont ces gens revêtus de robes blanches. D'où viennent-ils ? Il répondit lui-même à la question en disant :

I. **Ce sont ceux qui viennent de la grande tribulation, ils ont lavé leurs robes, et les ont blanchies dans le sang de l'Agneau.**
   1. Il signifie qu'ils ont confessé incessamment leurs péchés et Christ les a pardonnés.
   2. En reconnaissance, ils servent Dieu ici-bas comme une classe préparatoire pour le servir jour et nuit dans son Temple éternel. Ap.7 :15

II. **Les privilèges des rachetés**
   1. Ils n'auront plus faim et ils n'auront plus soif.
   2. Ils vivront éternellement sous l'air conditionné de Dieu. Ap.7 : 16
   3. Ils boiront aux sources des eaux de la vie.
   4. Leur misère a pris fin. Ap.7 :17

Es-tu lavé dans le sang de l'Agneau ? Voilà ce qui t'attend. Tiens ferme ce que tu as afin que personne ne prenne ta couronne. Ap.2 :10

Message 34 – Qualifications pour participer à la sainte table

Lecture : Ga 2 :20

1. Il faut une vie brisée.
Christ fut mutilé par l'humiliation des juifs et des pharisiens quand ses amis de trois ans l'ont abandonné. Il fut brisé au pétrin des injures, du crachat à la face par les soldats romains. Etes-vous prêts à en souffrir autant de vos frères et des étrangers ?

2. Il faut une vie dépouillée
On l'a mis à nu en public et on a tiré au sort sa tunique. Etes-vous prêts à subir les critiques, les faux témoignages et les railleries des gens que vous aviez aidés hier ?

3. Il faut une vie crucifiée avec Christ.
Christ avait des yeux pour ne pas voir, des oreilles pour ne pas entendre, une bouche pour ne pas parler. Il était mort à lui-même. Etes-vous prêts à subir ces affronts sans ouvrir la bouche ?
Es. 53 : 7 ; Ga 2 :20 ; Col.3 :1
Ce jour -là vous pourrez dire, et nous le souhaitons : Et maintenant, si je vis, ce n'est plus moi qui vis, mais c'est Christ qui vit en moi. Dans cette condition, votre participation à la Sainte Table mettra Jésus plus prêt de vous. C'est là mon vœu pour chacun de vous.

Message 35 – Quelqu'un doit payer le prix

Lecture : 1Co.6 :19-20

Si votre mets est servi à table quelqu'un a payé le prix.
Si vous dormez sur un lit moelleux, quelqu'un a payé le prix.
Si vous êtes au collège aujourd'hui, quelqu'un a payé le prix.
Si vous êtes aujourd'hui dans un pays étranger, avec un visa de résidence, quelqu'un a payé le prix.
J'aligne sous ce rapport, un grand frère, une grande sœur, un papa, une maman, un ami pour votre bien-être ici-bas.
Si aujourd'hui vous n'êtes plus sous la puissance du malin, quelqu'un a payé le prix. Si aujourd'hui vous avez un visa pour le ciel, quelqu'un a payé le prix.
Et celui qui l'a fait c'est Jésus qui vous dit : « Ceci est mon corps, ceci est mon sang. C'est au prix de son sang que vous avez droit à entrer dans le ciel.

Je ne sais combien vous manifestez de reconnaissance envers celui qui a fait les frais de vos études, de votre voyage, mais si vous songez seulement que le corps va pourrir en terre et que votre âme aura une demeure dans le ciel ; Si vous songez que votre argent tout comme vos moyens matériels ne pourront jamais vous donner accès au ciel, aujourd'hui encore, rendez gloire à Dieu qui vous a reçu dans le royaume du fils de son amour. Col.1 :13

Si vous chantez « Mwen pap finn di konbyen mwen dwe », ebyen, komanse peye depi kounyeya. Se li ki va di w lè pou w rete.

Message 36 – Le souper pascal

Lectures : Mathieu 26 :18, Marc 13 ; 13 et Lu.2 :10

Une institution née dans une maison privée que Jésus avait préalablement retenue. Il a eu soin de cacher son identité à une heure où toute apparition en public pourrait compromettre sa mission. Mathieu 26 :18, Marc 13 ; 13 et Lu.2 :10 nous mettent sur la piste d'un homme qui savait ou la Paques allait avoir lieu. Retenez que dans ce pays, seules les femmes vont chercher de l'eau. C'était une façon de brouiller la piste des espions qui pourraient d'un moment à d'autre les repérer et troubler leur service.

I. La teneur de ce souper

1. Une leçon d'humilité

Le roi des rois se met à table avec les plus humbles de Galilée.

Il leur lave les pieds avec une extrême simplicité. Quelle humilité pour voir le plus grand se mettre volontairement au service des plus petits ! Il s'est humilié jusqu'à la mort et même jusqu'à la mort de la croix.

Si vous voulez reconnaître un grand, ce n'est pas dans sa hauteur, mais dans son empressement à s'humilier, à reconnaître ses faiblesses, ses limitations.

Vous ne devez pas oublier que bébé on vous change les couchettes, on vous prépare le biberon. On vous fait taire en vous appliquant la sucette. On vous met au lit, on vous berce à volonté. Devenu plus grand on vous tient par la main pour vous amener à l'école. Encore plus grand on vous loue pour votre bullletin. Encore plus grand on vous accompagne dans la vie. Maintenant vous êtes professionnel à un haut niveau. Cette hauteur, cette grandeur ne vous délie d'aucun respect pour vos supérieurs. Car ils étaient en bas, ils se sont faits inférieurs pour vous faire monter. Ils resteront toujours vos supérieurs malgré votre hauteur. Quiconque veut être grand parmi vous, qu'il soit votre serviteur. Jésus en a donné l'exemple. Allez et faites de même.

Un cachet social s'y dégage : Le pain est servi sur la table. Il est distribué à partir de la table. Il n'est pas question de prendre le repas dans la chaudière ou que vous vous retiriez dans un coin avec une assiette qui n'en peut plus. Tout le monde reste à table.

2- Une Leçon D'unité

Le pain est servi et passé comme la coupe aux douze. Jésus est le pain de vie distribué en faveur de tous les hommes. Vous êtes l'Eglise qui est son corps, dit Paul dans Ephésiens 5 :23. Chacun en a sa part et tous l'ont tout entier. Quand il dit : Ceci est mon corps. Le corps de Jésus n'est pas divisé. Il est distribué. En tant que diacres, en tant que moniteurs, en tant que pasteurs, en tant que leader de chants, en tant que membres de l'Eglise, vous êtes membres du corps de Jésus Christ. Eph.5 :30

Reconnaissez que Jésus n'a pas d'infirmité. S'il vous appelle membres de son corps, vous devez être utiles à quelque chose. Tandis que nous sommes

à sa table, posez-vous la question : quel est mon
rôle dans le corps de Jésus Christ ?

1. Suis-je le bras droit du pasteur ? Suis-je un œil qui
   voit ce qu'il faut faire ?
2. Suis-je une main pour manier la pâte ?
3. Suis-je un pied pour aller où l'on m'envoie ?
4. Suis-je un donateur pour aider avec les moyens
   que Dieu met à ma disposition ?
5. Suis-je une épaule pour porter les fardeaux ?
   Personnellement, je ne voudrais pas être un fil de
   cheveux pour être peigné ou un ongle pour être
   coupé et jeté dans le fatras.

3. Une leçon de Pureté

C'était l'époque de la coupe commune où tous
boivent dans le même verre.
La raison était bien simple et bien profonde aussi
Elle implique :

1. L'idée de communion, d'union de cœur entre des
   frères ayant une même devise, une même pensée,
   une même âme, un même amour.
2. L'idée de confiance réciproque. Je crois dans votre
   pureté. Je crois dans votre sainteté et vous croyez
   aussi dans la mienne.
   Allez-vous douter de la condition de santé physique
   ou spirituelle du frère ? Jamais. En ce temps-là, le
   lépreux devait déclarer publiquement sa mise en
   quarantaine. C'était plus humiliant que le SIDA. Si
   vous avez une grippe, vous vous refusez aux
   embrassements pour protéger vos frères et amis que
   vous aimez. A plus forte raison si vous croyez que
   votre mal est plus grave et qu'il peut coûter la vie à
   votre entourage, vous devez honnêtement et

chrétiennement vous abstenir de participer à la sainte table. Nous entendons par là que dans les relations spirituelles, si vous n'êtes pas en odeur de sainteté, que vous vous mettiez à l'écart pour ne pas prendre un jugement contre vous-mêmes.

3. Le cas le plus flagrant c'est que, ce que vous ignorez vous et moi, Jésus le sait. Et il déclare sans ambages que vous êtes purs mais non pas tous. Jean 13 :10 Et pour ne pas laisser personne dans le doute, il dira : Celui à qui je donnerai le morceau trempé est celui-là qui me livre. Le morceau trempé ici donne l'idée du sang vif qui sort dans une chair.

4. Quand quelqu'un vous déchire dans le dos sans que vous ayez le pouvoir de vous défendre, quand quelqu'un avilit votre témoignage dans un endroit où l'on vous connaît pour vous faire perdre votre job, votre réputation, il fait couler votre sang tout vif. C'est le morceau trempé que Judas lui avait laissé comme héritage. Ce morceau de pain trempé le désigne comme le traître. Et Jésus dira : il a un démon. Jn.6 :70-71

II-   L'impact du souper

1. Une nuit de drame va commencer : Il sait qu'il va souffrir
   a. Il sait qu'il sera trahi par un de ses disciples.
   b. Il sait qu'il va être abandonné.
   b. Il sait que nul ne sera là pour le défendre et qu'il n'a aucun droit de le faire lui-même.
   c. Il sait qu'il va mourir.
2. La dernière photo qu'il a eue des disciples était celle du souper pascal.

Aujourd'hui mes bien-aimés, vous êtes autour
de la sainte table. Jésus est au milieu de nous.
Son regard s'abaisse sur nous. Sa douce voix,
l'entendez-vous ?
a.   Aimez-vous les uns les autres comme je
     vous ai aimés
b.   Pardonnez-vous réciproquement de
     même que je vous ai pardonnés par amour
c.   Supportez les faiblesses des autres et ne
     pas nous complaire en nous-mêmes.
d.   Vous aurez des tribulations dans le
     monde, mais prenez courage, j'ai vaincu le
     monde.
e.   Que votre cœur ne se trouble point. Je suis
     à l'œuvre pour vous préparer une place à
     mon côté.
f.   Si vous souffrez avec moi sur la terre, vous
     régnerez avec moi dans les cieux.
g.   Soyez fidèles jusqu'à la mort et je vous
     donnerai la couronne de vie.

Jésus est ici avec nous maintenant. Faites comme si
vous le voyez et touchez-le par la foi. Si vous le touchez
vraiment, le miracle que vous attendez se produira.
Votre guérison germera promptement et votre
délivrance éclatera.
Tel est mon vœu pour vous et pour moi. Amen1

Message 37 – Le sosie de Jésus-Christ

Qu'est-ce-qu'un sosie ? C'est une personne qui ressemble parfaitement à une autre.

Les gens extrêmement riches les recherchent. Cette personne doit imiter parfaitement son patron dans les gestes, dans la voix, dans la marche et dans la manière de s'habiller. Elle doit connaitre tous les amis de son maitre pour leur parler clairement.

Pour cela, elle doit entrer dans les sentiments de son patron et dans sa ligne de pensée, en sorte qu'en la voyant, on voit en lui l'homme qu'il représente à s'y tromper.

Dans le cas où sa vie est en danger, il doit se défendre sans dénoncer, sans trahir la personne réelle.

Son salaire est inestimable.

Tout le souci de Jésus-Christ c'est de nous rendre semblable à lui et à son Père et il nous donne tous les produits nécessaires pour y parvenir. Mt. 5 :48

Nous avons le même DNA que lui depuis le jour où cette greffe a été réalisée à la croix du calvaire.

Vous avez été crucifié avec Christ. C'est lui qui vit et agit en vous. Ga. 2 :20

Vous pourrez faire par sa puissance qui agit en vous **infiniment au-delà** de vos calculs. Ep.3 :20

Cette perfection n'est pas absolue ici-bas. Elle le sera quand nous le verrons tel qu'il est. 1Jn.3 :2

D'ici-là bien-aimés, aimez comme Christ, servez comme Christ, souffrez comme Christ. C'est la meilleure facon de lui ressembler et de l'attendre.

Qu'il en soit ainsi pour vous et pour moi.

Message 38 – Le repas dans le ciel

Combien parmi vous sont disposés à s'asseoir avec le Seigneur dans le grand banquet éternel ? Y croyez-vous d'ailleurs ?

1. Jésus déclare aux disciples : J'ai à manger une nourriture que vous ne connaissez pas. Jn. 4 : 32
2. Je vous le dis en vérité, **je ne boirai plus** désormais de ce fruit de la vigne, jusqu'au jour où **j'en boirai du nouveau avec vous** dans le royaume de mon Père. Mt. 26 :29
3. Or, je vous déclare que plusieurs viendront de l'orient et de l'occident, et seront **à table avec Abraham, Isaac et Jacob**, dans le royaume des cieux. Matthieu 8 :11
4. Heureux celui qui prendra son repas dans le royaume de Dieu. Lu. 14 :15
5. Où sera le royaume de Dieu ? Comment sera cette table ? En quoi consistera ce repas ? Quel corps va le digérer ? N'est-ce-pas qu'une semaine après sa résurrection, Lazare était à table pour manger avec Jésus ? Jn.12 :1-2
6. La seule question qui nous regarde : Serez-vous à table avec Jésus dans le royaume de son Père ?

Chers bien-aimés dans le Seigneur, si vous voulez avoir ce privilège, vous avez au moins deux conditions à remplir :
Premièrement, vous devez vous laver les pieds. Je veux dire : vous devez confesser vos péchés et dépouiller votre conscience.

Deuxièmement, vous devez laver les pieds de votre frère. Je veux dire : vous devez lui pardonner à tout prix et ne jamais revenir sur la même question.
Jn. 13 : 1-10
Etes-vous prêt mon frère ? Etes-vous prête ma sœur ?

Table de matières

Révérend Renaut Pierre-Louis

Esquisse biographique

Pasteur de l'Eglise Baptiste à Saint Raphael.	1969
Diplômé du Séminaire Théologique Baptiste d'Haïti,	1970
Diplômé de l'Ecole de Commerce Julien Craan,	1972
Professeur de langues vivantes au Collège Pratique	
du Nord au Cap-Haitien	1972
Pasteur de la Première Eglise Baptiste au Cap-Haitien,	1972
Pasteur de l'Eglise Redford, Cité Sainte Philomène,	1976
Diplômé de l'Ecole de Droit du Cap-Haitien,	1979
Fondateur du Collège Redford et de l'Ecole	
Professionnelle ESVOTEC	1980

Pasteur militant depuis 54 ans, avocat, poète, écrivain, dramaturge, ce serviteur du Seigneur vous revient aujourd'hui avec « **Le Manuel du Pasteur** », un livre de chevet recommandé pour les services de Baptême, de Sainte Cène et de présentation d'enfants au Temple du Seigneur. Puisez-en à volonté et passez-le à vos confrères de partout. 2Tim.2 :2

Pour toutes informations et pour vos commandes, adressez-vous à

Peniel Haitian Baptist Church
P.O. Box 100323
Fort Lauderdale, FL 33310
Phone : 954- 525-2413
Cell : 954- 242-8271

Website : www.theburningtorch.net
e-mail : renaut@theburningtorch.net
e-mail : renaut_cyrille@hotmail.com